引言　我梦故我见

她不记得自己究竟是如何来到这个时空的，只知道自己现在正赤脚站在一条碎石路上。周遭的昏暗、刺耳的寂静和夜晚才能发出的低语交织回响。她四处检查，试图确定自己的方位。但在她费力定位时，现实却越沉越深。她孤身一人，被困在了这个地方……*这个地方*。

那么，这里到底是哪里呢？

在冰凉的脚下，碎石的颗粒感吸引了她的注意力。于是，她低下头，眯起眼睛，观察着自己赤裸的双脚，突然发现自己正站在一个由红色油漆标记的“X”上。

“真是奇怪。”她在心里嘀咕道。

在寒冷潮湿的黑暗中，一个温暖的想法出现了。她意识到自己竟然能在一片漆黑中看得一清二楚，而后她随即又意识到自己在这里拥有选择的能力。在这些认识的启示下，她知道她此刻正面临着一个抉择：是固守原地，还是勇敢地走向未知？

突然间，她的睡意消退，她在卧室的床上惊醒，回到了现实。

生活一如往常，但也出现了一些微妙的变化。现在，她拥有了一些从梦中带回的珍贵礼物：

"X"标记了地点
"X"标记了宝藏的位置
"X"代表了激动的时刻

你的梦就是你的宝藏

你的每一个梦都是一个宝藏。是的，你没有听错，甚至包括那些把你吓得魂飞魄散的噩梦。所有的梦皆为心灵和精神的珍宝。正如知名作家兼心理分析师玛丽-路易丝·冯·弗朗斯（Marie-Louise von Franz）所强调的那样："梦从来都不会多费口舌去重复你已经知道的信息。"就像我喜欢开门见山，直奔主题，梦会告诉你需要了解的信息。

梦是"X"，标记了地点。

就梦的本质而言，梦所传达出的信息比我们已知的更广阔，也更神秘。梦讲述着我们未知的一切，既包括我们不愿和不能直视的一切，也包括我们希望看到的一切。梦诉说着所有生命之间

的联系，以及我们在其中的位置。

梦打开了我们的眼界，向我们展示了无限的多重可能性。正如你即将在本书中发现的那样，在做梦时，比你的意识更强大的东西会指引着你前进。换句话说，梦中的你正在被你的精神和心灵所引导。因此，如果你选择按照梦的指导行动，你可以获得智慧、创意和解决问题的强大能力，从而得到全方位的提升。

有很多将梦“付诸行动”的实例：拉里·佩奇（Larry Page）在梦中产生了创立谷歌的想法；知名作家史蒂芬·金（Stephen King）和《弗兰肯斯坦》（*Frankenstein*）的作者玛丽·雪莱（Mary Shelley）都会从自己的梦中汲取创作的灵感；披头士乐队的成员保罗·麦卡特尼（Paul McCartney）在梦中听到了金曲《昨日》（*Yesterday*）的旋律；德国化学家奥古斯特·凯库勒（August Kekulé）在梦到蛇（衔尾蛇）吃掉自己的尾巴后，发现了苯的环状结构；尼尔斯·玻尔（Niels Bohr）也曾梦到原子的结构……

每一位心理治疗师都知道，梦并不只是那些推动世界的远见卓识，梦还能在每一个夜晚发挥作用——赠予我们基本性和变革性的见解，帮助我们在日常生活中驾驭情感、欲望和人际关系，从而让我们感觉更好。科学已经证实，梦有助于调节消极的情

绪。当悲伤笼罩我们的时候，梦在一定程度上能够帮助我们获得解脱和治愈。梦不仅能为那些在清醒时似乎无法解决的问题提供答案，甚至还能解决我们内心的冲突。

你会发现所有的梦都蕴藏着丰富的宝藏。当然，这并不是说所有的梦都会在夜间讲述幸福和快乐，也不是说所有的梦都会使你感到放松。因为梦有助于防止自我欺骗，所以在此过程中，梦通常会产生隐喻性的冲击力，鼓励你去追问：我没听到的信息是什么？我没看见的“东西”是什么？我不敢走的路是哪一条？我不愿去感受的感觉是什么？

如果要正面回答以上这些问题，必须要有发自肺腑的真诚和情感上的决心，而这两点在现实生活中往往很容易遭到忽视。然而，梦每夜都会唤醒我们的心灵，揭示内在的真相。如果你能在梦中勇敢地面对自己的见解，那么内在的真相就可以帮助你塑造美好的生活。那些见解会让你知道心底的那些东西、那种感觉、那些习惯，还有那些挡在你与你看似和谐一致的现实生活之间的渴望。

通往梦境的大门

这本书像是一扇门，当你勇敢地推开后，你就能发现属于你

自己的梦境。但是，在你跨过门槛之前，我需要简单介绍一下我的背景，好让你对我的方法有一个大致的了解。我是一名心理咨询师、梦境专家和第四代直觉主义[1]学者。同时，我还热衷于研究清醒梦。从小，我就拥有强大的做梦能力；随着年龄的增长，我做梦的频率越来越高。

事实上，有人可能会说，是梦选择我为它代言的，但这是另一条时间线上的故事。所以现在，还是谈谈我为什么选择研究梦吧。我发现梦是通往转变、成长和精神觉醒的最直接途径。简单来说，入眠后，梦可以为我们提供极大的帮助。

通过课程、每月的会员计划、面对面的研讨会和静修，我已经接触了来自世界各地的成千上万的人，指导他们关注梦、心灵和内在的知觉，帮助这些人寻找他们所寻求的答案。

在我看来，我的工作正契合“心理治疗”（psychotherapy）这一古老词语的含义。从词源学上讲，这个词既有“精神”“气息”和“心灵”之义，又包含“治疗”和“治愈”的意思。这个词的本质含义提醒着我们，心理治疗与心灵治疗有着密不可分的关系。换句话说，心理治疗不仅仅能够治愈心灵和情绪，还与身心的连

1　直觉主义（intuitionism）：强调直觉或直观在认识中的作用的思潮和学说，认为直觉是比抽象的理性更基本、更可靠的认识世界的方式。——编者注

接和健康息息相关。

我认为我们需要把精神和灵魂重新编入当代的心理学活动中，这样我们才能拥有更平衡的外在世界和内在世界。为了在生活中真正体验深刻和持久的变化，我们需要与自己展开多个方面，即“身—心—灵”的合作。

我发现，现代心理学对于我自己和客户都具有某种局限性，于是我决定超越现代心理学的范围。我永远感激心理学为我提供了一个健全、丰富和合乎伦理的平台，我的许多作品都是在此基础上写成的。

心理学是一个强大而必要的基础，而且它就像科学、神秘主义和灵性一样，也是人类意识和认知之谜中至关重要的一部分。我不相信研究心理学的先锋者会把心理学当作唯一的答案，也不相信他们会把所有答案都寄托于生活和意识。人类的生活和经历在这个星球上是多种多样的。在我看来，如果只相信一种方法或学派，那么简直令人无法呼吸。

既然你会选择这本书，那么我敢打赌，你会对一个更广阔的领域感兴趣——活着的意义，同时你也会对探索为自己的生活带来存在意义的东西感兴趣。我将在书中深入探讨多个学派的思想成果，分享那些对我来说最为准确和最有帮助的理论，希望它们对你也同样有帮助。

最后，考虑到每个人的主观感受皆有不同，我尽量让本书中的练习更具多样性。这样一来，你就能尽可能多地体验到梦的各个不同的方面。也就是说，这是**你的**一段旅程。如果有些练习不能与你产生共鸣，那么请随时尝试下一个练习，找到最适合你的练习即可！让我们现在就开始吧！

梦的光谱：日常梦与清醒梦

我相信，每天晚上睡觉的时候，我们都会与一个更加广阔的统一意识（宇宙、心灵和源泉）重新连接。

为了阐明这一点，我会交替使用“心灵”“宇宙”或“非物质”这三个词来表示万物的生命力。你也可以将这种力量视为神力、能量、源泉，或者仅仅是一股意识流。在阅读本书的过程中，只要是你觉得合适的词语和陈述，都可以用来指代这一力量。

入睡后，每个人都会重新与心灵源泉连接在一起。这一观点并非我一人独有，印度教、犹太教、基督教、佛教和神道教等都认可这一观点。因此，我们每晚不仅有能力获得更广阔的视野，还能通过养精蓄锐来增强自己的体质。

此外，许多不同种类的梦都是在这种更加广阔的视野中诞生的，比如普通的梦、警示性的梦、预见性的梦、集体性的梦、清醒梦等。在本书中，你会了解到这些不同的梦。也就是说，从一开始就能够区分日常梦和清醒梦是很有帮助的。

日常或“正常”的梦都具有丰富的意象、象征和故事。通常来说，你在这些梦中时就像是在夜间短途旅行，时不时会看到一些生动明亮的画面（与我在本书开头与你分享的那个梦的故事相似）。但是，在其他时候，这些梦会完全被你遗忘，也许就像你在上周三做的梦一样，你对它们毫无印象。

在本书中，为了便于阅读和避免混乱，我会使用“日常”和“正常”来描述这一类型的梦。首先，我想告诉你的是，这些日常的梦绝非平淡无奇。我甚至敢说，这些梦堪称最伟大的精神导师，但却时常被晨光所驱散。日常的梦构成了你生活的大部分内容。当你在读这本书的时候，你会想起那些做过的梦是多么慷慨，它们总是不遗余力地指引着你。

这些梦使用象征性和隐喻性的措辞，向你诉说着你熟悉的或不熟悉的时间、地点、人物和事件。在第三章中，通过象征性的释梦方法，你将会获得深度的洞察力。在练习中，你也将准确地学习如何解析梦中的信息，从而提升幸福感，并推动个人的进步。

现在，我想请你思考一下这个小问题：你是否曾在梦中意识到自己在做梦？如果你有过这样的经历，那么这正是日常梦转变为清醒梦的过程；如果你没有这样的经历，敬请摩拳擦掌吧，因为你探梦的技能将会随着你翻阅本书的每一页而变得更加娴熟。

清晰起见，我们规定日常梦是一种你无法意识到自己正在做梦的梦。只有等你早上醒来后，你才能隐约想起自己昨晚做了一个日常梦。清醒梦则与日常梦截然不同——在清醒梦中，你能积极地意识到**自己正在做梦**。换句话说，虽然你的身体在生理上仍处于睡眠状态，但是你依然能发现自己在梦中“醒着”。而且，你可以继续运用认知能力在梦中探索，根据意愿和喜好修改自己的梦境。这些都是你在日常梦中无法做到的。

为了更加深入地理解这本书，让我们回到开头分享的那个日常梦：一位女士猛然发现自己正赤脚站在冰冷的碎石路上。她迷失了方向，环视四方，试图确定自己所在的位置。她随即意识到：在这片陌生之地，只有她一个人。在那一刻，她脑海中忽然闪过一个颇具启发性的念头，接着她问自己：“这是什么地方？”这一自我反思式的问题让她意识到了自己原来是在梦里！是的，**她正在做梦**！但是，在梦里，她冰冷的双脚立刻分散了她的注意力，导致她忘记了思考这一探索性的问题，因此梦在她没有自觉

意识的情况下上演了。

但是，如果她做的是一个清醒梦，那么这段经历可能会有所不同。一位女士猛然发现自己赤脚站在冰冷的碎石路上，她迷失了方向，环视四方，试图确定自己所在的位置。她随即意识到：在这片陌生之地，只有她一个人。在那一刻，她在脑海中忽然闪过一个颇具启发性的念头，接着她问自己："这是什么地方？"这个想法让她恍然大悟，因为她一直在问自己："我从来没有来过这个地方。我是怎么到这里的？之前我又在哪里？"

随着这些自我反思式的问题的出现，一段记忆，或者说一个答案逐渐浮现在她的意识之中，她终于回想起自己做的最后一件事就是上床睡觉。这一突破性的答案让她想道："我一定是在做梦。这是一个梦。**我正在做梦**。"

以上便是清醒梦和日常梦之间的本质区别：在清醒梦中，你的意识是清醒的；而在日常梦中，你仅会因为入眠而做梦。

现在，你可能会有一个疑惑：难道科学已经证明了清醒梦的存在吗？不用怀疑，答案是一个响亮的"是！"。早在1975年，两位研究人员——赫恩（Hearne）和沃斯利（Worsley）就在实验室做了一系列的梦境实验，最终证实了清醒梦的存在。从此，越来越多关于梦的科学和学术研究拉开了序幕，试图进一步揭开清醒梦的神秘面纱。

实际上，在这一科学证明出现之前，清醒梦在许多宗教和信仰中就已经是一项备受推崇的活动（比如佛教、印度教和萨满教），甚至目前依旧如此。也就是说，清醒梦这一做梦活动的历史已经跨越了数千年。几个世纪以来，人们一直都在做清醒梦。相比之下，西方科学只是在最近才加入到这一领域的研究之中。

经常有人问我："清醒梦究竟有什么好处？更重要的是，它对我有什么好处？"我会在书中从多个层面努力回答这一问题。

实际上，当你陷进情绪无法自拔时，清醒梦可以帮助你改变困境；清醒梦还可以提高身体的康复速度，帮助你培养一门娴熟的技能（比如演奏乐器、冥想等），还有其他不计其数的益处。此外，你还能通过清醒梦来培养同情心，接受灵性教导，甚至为死后的时刻做好准备。藏传佛教的丹增旺杰仁波切（Tenzin Wangyal Rinpoche）措辞优美地解释了梦的其中一种益处：

> 在梦中开展第一步行动并非难事。一个人必须认识到梦在灵性旅程中所拥有的巨大潜能。人们通常认为这种梦与现实生活相反，是不真实的。但是，其实没有什么比梦更真实的了。

梦的指引：超越梦境的精神觉醒与自我成长

清醒梦的益处不仅仅体现在表面上对梦中行为的操控，更在于你与真正的精神源泉的重新连接。清醒梦就像是在看得见的现实世界与看不见的梦境世界之间的舞蹈，而你就是这两个世界之间的桥梁。

通过所有的你做过的梦，你会重新发掘出内心深处已经蕴藏的天赋，进而意识到你正在积极地创造自己的生活。无论在梦里，还是在现实生活中，你都是一位做梦者。每天晚上，你都能通过日常梦在清醒意识和睡眠意识之间来回移动。

这本身就很不可思议。

尤其是在清醒梦中，你近乎拥有了一种无比神奇的能力：能够发现两种形态的意识或“现实”，并且能够在两者之间随意切换。我们都做过梦，梦中的感觉是那么真实，那么生动，只有等你醒来后，你才会意识到自己刚刚处于一种做梦的状态；然而，在清醒梦中，你其实知道你正在意识中探索。

清醒梦会引导你思考一个宏大的存在主义问题：“既然我能够意识到两种不同形态的意识，那么是否存在第三种形态的意识？意识是否还存在一种元形态？”当你真正能有意识地在梦境中行动时，我希望你能探索以上的问题。

我相信，所有的梦都能向我们展示无限的可能性；而且，个人和集体对外投注的感情和共鸣都能在梦中得以体现。最终，梦

会提供一个机会，让我们在必要的时候调整自己。换句话说，梦可以帮助我们梳理自身的情绪，让我们认识到自己向这个世界投注了什么样的能量，让我们能在必要时进行自我纠正，让我们看到可能发生的事，让我们每晚都能与心灵重逢。

好眠的预言：万物皆有其价值

我希望你读完这本书后，无论是在自己的日常梦、预知梦、警告梦、象征梦，还是清醒梦中，都能有所启发和思考。因此，不管你是否能做清醒梦，都请相信：所有的梦都很重要，你能从中获得极其丰富的见解。

当你重视自己的梦，将其视为美好和宝贵的经历，你就不会轻易错过日常梦中的神奇之事。虽然这本书会教你如何做清醒梦，但它的主要目的仍然是唤醒你对梦的热爱，只有这样，你才能真正在梦中进行体验。

研究梦的第一步是要理解日常和象征性的梦，这样你就打好了一个坚实的基础。日常梦是进入清醒梦的重要途径。你会准确地发现你的情绪、思想和观念是如何影响所有的梦的，这也是进入清醒梦的重要一步。

你最终会发现，梦是一段充满愉悦的旅途。而且，在这一旅途中，不存在道路的对错之分。也就是说，为了唤醒对梦的热爱，你必须在醒来时记起自己的梦。具体方法如下：在入睡前，有意提醒自己记梦，这是很有帮助的。如果你每天晚上都坚持这么做，那么你记忆梦的能力就会日益增强。

上述这一有意的自我提醒只是一种发自内心的想法，意味着你投入了大量的精力，对梦进行了深刻的思索。同时，这一有意的自我提醒也是你向“宇宙”发出的一个低声的宣言。此外，从心理层面来看，设定意愿也是非常重要的一件事，因为这一行为意味着你在心灵层面上向自己许下了行动的承诺。

你的意愿可以是一个对你在梦中的实践的希望，或者仅仅是对你的生活的希望。一旦你设定了自己的意愿，就闭上眼睛。在睡觉前，做几次深呼吸，并复述这段话：“今晚，我可以安心地探索梦中的世界。我会好好做梦，然后在早上想起自己的梦。我已经准备好探索梦中世界的方方面面。我完全愿意接受梦的指导和帮助。”

醒来的时候，试着尽量保持静止，暂时不要挪动身体（这通常需要一些练习）。当你躺在床上的时候，继续闭上双眼，试着在脑海中回放之前的梦。在这一过程中，你的大脑（更确切地说是你的海马体）不仅能够回溯梦境，而且能够将梦储存到记忆

中。在你认为自己能够完全记起梦后，你就可以在第一时间写成一篇梦境日记。

你可以这样准备梦境日记：在床边放一个笔记本，醒来的时候，试着回忆在梦境中发生的每一件事，准确详细地记录下你对梦的记忆。即使是梦中的一些看似无关紧要的信息，你也仍然可以一一记下，比如梦中的任何风景、人物、身影、情绪等，你还可以在重要的信息下面画线。

细节信息非常重要，因为通过记录你的梦，你实际上创建了一个关于梦的象征物的集合。之后，我还将向你展示如何解析梦的象征意义。如果你现在开始记录梦境，那么等你读到有关解析的章节时，应该会积攒足够的素材来解释你的梦。

一个象征物乍一看似乎无足轻重，但从长远来看，它很有可能是有独特意义的。以“太阳”这一象征物为例，你可能从来没有意识到太阳总是出现在你的梦中。或者，你可能没有意识到太阳从来没有出现在你的梦中。事实上，太阳是一个很容易被忽视和遗忘的象征物，但它就在那里，每晚都会照亮你的梦境。太阳可能是你的内在光的象征物，它会向你展示如何连接维系着生命的本质，即看得见的梦。

准备好了吗？

第一章

我们为什么探索梦

一望无际的橘黄色沙地在我的眼前绵延。一座接一座的沙丘不断翻滚，酷似水浪，但却是由沙土构成的，创造出一幅永无尽头的景观。每一粒尘埃都在低声呢喃着一则被遗忘已久的故事，等待着重新被聆听。我如痴如醉地站在原地，呼吸着面前的空寂之美。风儿轻轻地吹，我也情不自禁地跟着它的节奏，轻轻摇摆身子。我完全沉浸在这片广阔之中，开始想起自己曾经来过这里。

我将手缓缓插入沙中，抓起一把沉甸甸的沙土，沙子正在我的手掌中闪闪发光。当我把沙子从一只手倒到另一只手上时，那种金光随着光线的照射而变幻出不同的颜色。我全神贯注于沙粒撞击手掌的触感，时间就像静止了一般。我的十指全部打开，沙子从指缝间滑落。随着每一粒沙的流逝，我卸下了自己的成长历程中的沉重负担。太轻松了，我甚至因此感到失重。于是，我努力将注意力集中到我那赤裸的双脚上，但当我往下看时，我的双腿却在沙子里越陷越深。就这样，一寸又一寸，一根骨头接着

另一根骨头，我完全陷进了沙漠之中。

在察觉到这种转变后，我意识到自己既是一整片沙漠，同时也只是一粒沙。梦醒后，我感到无比宁静。但是随后，闹钟打破了一切，我重新回到了日常生活的体验之中。神秘不正是这样巧妙包裹在世俗之中的吗？作为一种神圣的提醒，梦告诉我们：生命是由一个接一个的当下组成的，直到死亡再次改变我们。

*

在你继续读下去之前，我希望你能花几分钟问自己："我研究梦的动机是什么？我为什么想要这么做？"不必反复推敲，直接将你的答案写在一张纸上。将这张纸放在近处，以便日后参照。完成这一步后，再回到这里，继续阅读。

心灵与梦的运作

梦能帮助我们质疑和改变根深蒂固的观念，让我们关注到自己在日常生活中的创造和表现。因为梦，我们不仅可以过上更加

充实、更加丰富的生活，而且还能看到我们心理的哪些领域还有待开发。这样一来，我们就可以朝着更高程度的心理统合和更良好的情绪健康的方向努力。

从心理和个人成长的角度来看，研究自己的梦意味着与集体无意识、个体无意识、情绪、驱动力，以及在梦中出现的意象一起合作。从精神层面来说，研究自己的梦意味着与精神一起合作。在整本书中，我会积极地向你展示如何去做。

以我的“沙漠之梦”为例，这个梦帮助我更加完整地发现和表达了我对死亡与濒死的感受。当时，我在内心深处非常害怕死亡，这种恐惧源自我不知道死亡将会如何发生。在做那个梦之前，我从来没有给自己足够的时间和空间去思考自己为什么会那么惧怕死亡。

如果有人问我对死亡的感受，我很可能会很轻蔑地一笑，然后回答道：“我们每个人都有一死。”或者我很可能会避而不谈，转移话题。也就是说，对死亡的恐惧情绪完全笼罩了我。因此，为了掩饰想到死亡时所产生的焦虑，我回避了内心的真实情绪，刻意使用了一种故作轻松的态度来应对。

我的这种心理活动是典型的心理防御机制，被称为“反向作用”。防御机制是指你的大脑以一种特定的方式做出反应，从而缓解内部的冲突。每个人都拥有各自不同的防御机制。如果能

够更充分地了解自己的防御机制，那么我们就能更好地进行个人成长之旅。

具体来说，反向作用是指，为了减少内心的不安，你会试图转换自己的真实感受，以一种为个人或社会所接受的方式来做出回应。这一行为并不意味着你已经接受了自己的情绪，而意味着你正在通过相反的情绪来压制真实的情绪。

当死亡的话题出现时，虽然我在表面上很平静，但我的原始恐惧通过我的防御机制隐藏在我的意识中，并没有就此消失。也就是说，我刻意回避了与死亡相关的想法和情绪，但它们其实一直都在，只不过存在于我的意识之外（即无意识之中）。因此，我的梦把我摇“醒”了，帮助我坦诚地面对自己。

你的梦同样具有这一功能。

梦的内容与你的隐藏：梦揭示了你的内心生活

梦的内容包括在梦中出现的图像、人物、风景和象征物，它们对你研究梦大有帮助。我相信梦的内容受到精神、情感共鸣、集体无意识和个体无意识的影响。在开始研究梦之前，我认为了解这些术语相当有必要。

大多数行为在很大程度上受到无意识因素的影响。也就是说，你的驱动力、动机和冲动存在于自主意识之外。比如说，你很想增强体质，但每当制订计划后，你却又总会做出自暴自弃的行为。在这样的例子中，一个隐藏在你意识之外的根深蒂固的观念很可能正在对你产生消极影响，妨碍你在生活中试图努力创造、表现和体验事物。例如，你可能下意识地认为，如果你变得太成功、太好看或者太显眼（成功可以有多种形式，为了简洁起见，我只是强调了其中几个常见的例子），那么反而会引起其他人的仇视；于是，你对失败产生了一种驱动力。

存在于无意识中的想法会成为你开展行动的阻碍。一方面你有成功的驱动力，但另一方面你又害怕取得成功，为了平衡这两种截然不同的驱动力，你很可能会故意拖延，甚至会主动采取错误的行为。

与此同时，为了帮助你成为一个更完整的人，也为了营造一个让你感觉良好的生活，梦会为你提供图像和场景，从而让你察觉到这些存在于无意识之中的根深蒂固的观念。你的梦会专门以意象的形式，提醒你在深层次上的感受，以及你需要在清醒后的现实生活中注意的事项。比如，你可能会梦见自己在一个通往大厦顶层的上升的电梯里，但电梯门却怎么也打不开；又或者，你可能会梦到自己在一个突然开始快速下坠的电

梯里，感到害怕和恐慌。

你的梦会告诉你，当你是梦里的那个人时，电梯便象征着你自暴自弃的观念。也就是说，当你停下来面对这一观念时，电梯门就会自动打开。梦中快速下坠的电梯正象征性地提醒你，你需要心甘情愿地潜入心灵的深处（象征性地，电梯迅速下降到较低楼层），只有这么做，电梯门所象征的机会之门才会自动向你打开。梦会引导你以一种积极的方式持续前进，解决你可能意识不到的问题。

或者，你可能会梦到自己出现在一家花店里。你本来打算买玫瑰，但不知怎的，你最终拿到了一束花柄长长的罂粟花。你真的很想要玫瑰，却得到了一束罂粟花，这真令你失望！在这个梦的背景下，罂粟象征着对“高大罂粟综合征”（tall poppy syndrome）的恐惧。“高大罂粟综合征”是澳大利亚人和新西兰人常用的一句俗语，意指仇视和想要侮辱成功人士的心理。

梦通过“花”这一意象向你传达了一条信息：玫瑰象征着你的需求，罂粟则象征着你的实际经历。这两者有着明显的区别：一方面，你一心想着买玫瑰；另一方面，在你意想不到的情况下，你却得到了罂粟。这一遭遇说明了两件事。首先，你没有收到他人赠送的鲜花，然后主动去花店购买，由此可见，这个梦展示了你在可控范围内可以做的事情。如果有人在梦中赠予

你鲜花，那么你更有可能正在处理一段活跃的恋爱关系。其次，你最终买到了一大束罂粟，梦通过这一意象告诉你：在你意识不到的情况下发生了一些事情，导致你最终得到了你并不想要的东西。

在这两个例子中，梦中的情境是为了向你展现存在于无意识中根深蒂固的观念和恐惧（以及与之相关的情感共鸣），进而帮助你转变观念，然后你就可以在生活中更好地表现和创造。做梦者只需要真心实意地行动，而不用管别人怎么想，就能取得进步。也就是说，做梦者不必在意批评的威胁，只要尽可能地让自己在成长中不断进步，手中的罂粟就能变成玫瑰。

大多数时候，人们往往认为，是潜意识的运作催生了这类根深蒂固的观念。潜意识是某种位于显意识之下的意识，然而从心理学的角度看，人们实际上指的是更深层次的无意识。因此，我更偏爱使用“无意识”这一术语，因为它能更加精准地表述自身的性质。

“无意识”这个词囊括了集体无意识和个体无意识两个概念，它们同样与潜意识存在很大的差别。这也是我为什么在本书中没有积极使用“潜意识”这个术语的原因。

为了更加充分地利用梦的内容，你有必要掌握个体无意识和集体无意识之间的区别。梦的内容受到这两者的影响。换句话

说，个体无意识和集体无意识是构成梦的两种来源。我相信你很快就会发现，对于理解梦境或与梦互动的过程，我们需要针对不同的梦境来源，采用略微不同的方法。

理解梦境中的个体无意识

迄今为止，你所有的经历都储存在你的“精神仓库”中，这意味着无论你的经历是好是坏，无论你是否还记得自己的经历，它们全部都储存在你的脑海中。根据著名精神病学家卡尔•荣格（Carl Jung）的分析心理学理论，个体无意识作为精神的底层结构，是由个体的记忆和经历构成的。

换句话说，你的个体无意识里不仅有那些已经从意识中排除、无法主动回想起的记忆，还有那些随着时间流逝而逐渐模糊的记忆（包括愉快的记忆与痛苦的记忆）。当我提到个体无意识时，我强调的是关于浮现在你脑海中的生活经历的信息。

在你的个体无意识中，还蕴藏着可能与你绑定的各种“情结”。简单来说，情结集合了思想、想象、想法、充满感情的记忆，它们聚集在一起，形成了一个个独立的心理主题（例如爱、性、权力等）。每一个人都有需要应对的情结。在大多数情况下，

当我们断然否认情结的存在时，它们才会成为严重的问题。

在梦中，你看到的场景、意象和象征都是你正在应对情结的证据。假如，有一天晚上，你梦见自己被困在一个狭小的空间里；几天后，你梦见自己在一辆车里，被另一辆车追赶；一个星期后，你梦见自己正要打一个重要的电话，却怎么都找不到电话……

在这三场梦中，虽然地点、人物和形象各不相同，但梦中的情绪都是一致的——一种极其强烈的焦虑感。你在这三场梦中的紧张和担忧都反映了这一焦虑情绪。做梦的人会意识到自己在核心层面的感受，以及正在应对的情结。

情结会提醒我们：你可能正处于一种紧张的状态。这并不代表我们出了什么问题，仅仅意味着我们在抗拒某些事物，而内在的紧张在抗拒的过程中出现了。从这一角度看，情结为我们指明了一条走向进步的道路。通过唤起具体的梦境，情结展现了我们正在抗拒的事物，这样一来，每个人都能根据得到的信息，针对情绪和生活做出适当的调整。

在与情结相关的梦中，你的注意力会被吸引到一些两极化的体验和观念上，这敦促着你努力解决眼下的矛盾。由此可见，做梦会提高你对二元性和对立性的意识。一旦你能够觉察到这些两极化的体验（例如好与坏，光明与黑暗，贫瘠与肥沃等），你就

可以改变自己对这些体验的感觉以及与这些体验的关系。

我曾做过一场关于沙漠和沙子的梦。在梦里，我在这两个对立面之间来回拉扯：生与死。实际上，这一紧张情绪一直都在我的生活中持续着。梦醒后，我获得了一个启示，我能够以一种全新的高度接受自己对死亡的感受，这不仅彻底缓解了我在情感和精神上的恐惧，还帮助我统一了生与死的内心冲突。因此，我获得了一种宁静平和的感觉。

在这个梦之后，我领悟到死亡之中可以蕴含一股鼓舞人心和令人解脱的巨大力量。通过接受死亡的必然性，我能活得更充实，也更真实。只要我们活着，死亡就永远不可避免。虽然相互对立的事物并不会消失，但若全然接纳和包容两者之间的关系，第三种生活方式便由此诞生了。当你在阅读这些文字时，你有能力将自己的意识带入两者之间，从而将这些对立统一起来。

在观察两极分化的事物时，做到不偏不倚，我们就会变得更加完整。与此同时，我们还可以主动调整自身的能量水平。梦帮助我变得更加完整，我相信这是来自精神深处强有力的信号，提醒我，我已经做好改变生活方式的准备了。

虽然从心理学上来说，事实可能并非总是如此，但我强烈地感觉到，我们从来没有看到过任何我们在精神上没有准备好看到

的东西。实际上，每一场梦都有其成因，无论你的梦呈现了怎样的信息，只要你能根据梦的指引行事，就总会有所裨益。

当你读到关于解析梦境信息的那一章时，你会看到你的个体无意识及其相关的情结究竟是如何在夜间与你互动的，这与你梦到的象征符号与意象息息相关。因此，如果你还没有养成记录梦境的习惯，那么现在正是开始的好时候！

记梦大有好处，因为我们不仅会梦到问题和情结，还会梦到关于下一步该怎么走的深切指导和解决指南。我们被引导着通过梦的媒介来理解自己的心灵和思想。

当你积极主动地运用无意识所传达的信息时，你也就踏上了发现真我的旅程，生活也会因此变得趣味盎然。这是一次终生的旅程。这一路上，你会根据自身的需要做出改变，从而保持愉悦的心情，创造更高的价值。

理解梦境中的集体无意识

“集体无意识”是卡尔·荣格提出的另一个概念，对此最简单的理解是，集体无意识是我们作为人类与生俱来的全部遗传信息。换句话说，集体无意识不仅包含了你个人的无意识，也是所

有人类经验的贮藏库。

用灵性的术语来说，集体无意识是一种普遍智慧，赋予我们能力，并不断影响着我们。当我们翻阅古代文明中的神话、仪式和故事（以及相关的象征意义）后，便能更加清楚地领会究竟何为集体无意识。显而易见的是，早期的古人在试图理解自身的存在和与世界的互动时，都会从一个共享的无意识中获得有形和无形的解释，这也解答了为什么即使在地理位置上相距甚远，世界各地各文化的神话和童话也仍然具有相似之处。例如，跨越不同时期和文化的创世神话总有很多相似的版本。

从根本上说，先祖的智慧源于集体的无意识，并通过讲故事和习得性行为传递给我们。其中一些故事和叙事是有益的，而另一些则具有局限性。比方说，一位女士想要靠自己的努力获得经济上的成功，但她的族系或者她所在的社会体系并不允许她做到这一点，在这之前同样有很多像她一样的女士在经济问题上苦苦挣扎。正因为如此，她或含蓄或明确地继承了一种根深蒂固的观念：女人不能创造自己的财富。于是，身为一名女性，她陷入了一种矛盾的心理之中。一方面，她想亲手创造丰裕的生活；但另一方面，她接受的教育又告诉她，一个女人不可能或很难做到这一点。

为了应对这一矛盾的观念，她只好在生活中扮演了

“乖乖公主”的角色。（但是，她的梦却会根据她的矛盾心理，以象征性的方式重新讲述一段受害者的故事。她甚至很有可能会梦到权贵和穷人以多种方式相互交流）。因此，她在清醒的生活中变成了一位公主，等待一位富有的王子前来拯救她（顺便说一下，王子也可能是继承了相似观念的角色；如果他愿意的话，也同样可以不再扮演这个角色）。

她对财富根深蒂固的观念源于集体无意识、祖先的活动经验以及她自己的生活。但是，实际上，她在任何时候都可以选择鼓起内心的勇气，拯救自己。在拯救自己之前，她的梦会唤起她对这些观念的意识，这样她就可以改变这些观念！她的梦会在夜间通过隐喻提醒她去追求自己的内在力量，创造财富，解放自我。

她可能会梦到自己被野兽或一团黑影追赶，但她可以转身面对它，甚至杀死它。这个梦告诉她，她可以成为自己生活的女主角，战胜自己的恐惧。她可能会梦见自己的手断了，她需要处理它们（命运掌握在她自己手中）。她甚至还有可能梦见族系中的其他女性正在遭受和她相同的束缚和伤害（比如她的梦精确地展现了祖母在她工作的办公室或家里蹒跚而行的画面）。为了让她在清醒的生活中拥有自己的内在力量，梦中的意象不仅非常具体，而且能积极地唤起她的情感。

只有当她正视继承而来的根深蒂固的内在观念时，她才能挣脱它们的枷锁。这一点对我们所有人都适用。摆脱不健康的行为模式的方法就是，直面我们在这个问题上所持有的根深蒂固的观念。通过梦境或其他形式的无意识活动，我们能够主动做到这一点。在这一治愈的过程中，我们会发现自己处于一个全新的位置，书写一个更适合我们真正想要经历的东西的故事。

最终，你可以意识到那些与生俱来、根深蒂固的观念，并且摆脱与它们相关的情绪，从而更加得心应手地创造（或展示）你想做的事情。这是因为你可以摆脱束缚，与你在生活中真正想要创造的东西保持一致，而不是一再遵循长期被简单灌输和教导给你的观念。

幸运的是，每个人都可以通过梦进入无意识。在日常梦中，我们会以象征性的方式与无意识互动；在清醒梦中，我们可以主动与无意识直接互动。在之后的章节中，我将深入探讨这一根本区别，现在你只需问问自己："我想在自己的生命中拥有怎样的经历和体验？是更多的金钱、安逸的生活、爱、健康，还是安全感？"不管是什么，你都需要审视与你努力实现的目标相关的故事和观念。尽管那些世代相传的家族文化、传统文化以及个人的经历依旧会阻碍你，但你仍然可以变得更好。你的梦会告诉你如何行动。

当你选择在你的生活和梦境中与集体无意识和个体无意识一起合作时，你便可以从长期存在的观念枷锁中挣脱出来。这样一来，你就能了解你的无意识，并且摆脱它们的驱使，从而更加轻松地根据内心的意愿行事。在日常梦和清醒梦中，你都有机会发现你的潜在动机，即你的“为什么”。理解你自己的动机后，你就可以让自己的生活变得更好！

曾经，我的一位客户非常想体验清醒梦。当我问他为什么要做清醒梦时，他却说不出理由。闲聊了一会儿后，他坦白自己想要控制梦境生活，因为他在现实生活中感到极度的无助和乏力。他觉得在清醒梦中，那种开放的自由和轻松所带来的兴奋感与他在清醒时分所经历的完全相反，因此他才一心想要体验清醒梦。对他来说，清醒梦是一种十分有益（而且简单）的方式，可以让他创造广阔的梦境，然后把梦境中的这些感觉带到他的现实生活中，从而让他重新获得在睡眠和清醒状态下对各种情况做出良好应对的能力。简而言之，对他来说，梦是一次有益的情感体验，指引他采取行动解决阻碍他的问题。通过清醒梦，他发现自己已经拥有了一种内在的力量，让他能够愿意怀着存在感和决心去迎接生活。与此同时，他也意识到自己需要采取行动，不再去相信他之前在现实生活中一遍又一遍讲述着的受害者故事。

也许，你会发现自己想做清醒梦的动机同样富有见地和帮助。也许，你的动机更加轻松惬意。例如，许多人只是因为经历过自发的清醒梦，知道其中的神奇之处，所以才想主动体验更多的清醒梦。无论你做梦的潜在动机（即你的“为什么”）是什么，你的梦总能指引你前进。

实践练习：自我反思的问题

在这一章的前面，我曾邀请你写下让自己开始研究梦的动机是什么。现在，我希望你回过头来阅读你所写的内容，留意其中可能会出现的观念和行为模式。你觉得无意识的观念是否影响了你做梦的动机？

从各个方面了解自己做梦的动机，是富有见地和帮助的。你可能会发现，你的梦并不像我的沙漠之梦，你的潜在动机来自于一个整合的地带，而不是一个惧怕或逃避之地。不管你了解到了什么，你只要知道，如果自己选择按照梦的指导行动，那么梦中的信息就会发挥作用。最终，你会成为最懂自己的那个人。梦将强烈地引导你找回内在的力量和智慧，而你会运用内在的力量去改变生活中阻碍你的事情。

自我反思的问题

1.目前，在我的生活中，有什么事情进展良好？

2.在我的生活中，有哪些不顺心的事情？

3.上面列出的事件是暂时的问题，还是你一生都在与之斗争的困难？比如，钱是个一直困扰你的问题吗？或者，长期找不到伴侣让你苦恼？

4.如果你对上述问题的回答是肯定的，那么你很可能正在遭受一些无意识的观念的影响。接下来，你准备好让你的清醒梦和日常梦告诉你如何在生活中积极前进了吗？

5.你是否觉得自己在生活中扮演着一个被指派的角色？你总是一位受害者、养育者、保护者或贡献者吗？

第二章

情绪、本能和你所有的梦

有时，我们会不敢相信自己遭遇了什么，或者这一切究竟是怎么发生的。很多人都经历过这样的时刻。导致这种情况的原因有很多，但这其中没有任何一个原因需要遭受谴责。

也许，你的恋爱关系或婚姻关系并没有像你想象中的那样结束。也许，你一直被剥夺了一些对你来说非常神圣的东西，导致封闭与之相关的情绪成了你唯一的选择。也许，你从小就接受了严苛的教育，以至于当你长大成人后，礼貌反而变成了一套枷锁。也许，你在不知不觉之中把自己塑造成了完美的父母、爱人、孩子或老板，而最真实的自己却遭到了包括你在内的所有人的无视。也许，你尽管明知自己走上了一条困难的路，但还是不得不让自己陷入孤立无援的境地。也许，你只是痴迷地追逐一个闪闪发亮的目标，结果却发现它并不值得自己一路走来所付出的沉重代价。

我听到人们对此最多的回应并不是如你想象的那样的“**为什么会发生这样的事情**”，而是更加沮丧的“**这是什么时候发生的**”。如果我们不够小心，那么就很容易失去与本能生活的联

系。本能是我们身上尚未被驯化的部分，它能指导我们从直觉层面深刻地明白如何在生活的领域和周期中前行。无论是由于社会或文化方面造成的压力和创伤，还是由于自我冲突造成的选择，我们都可能与自己的本能和情感脱节。

有时候，失去是一种缓慢的燃烧。比如，在你成为一名家长或首席执行官的几年后，你在某一天早上才突然意识到自己并不快乐。多年来，你忽视了自己的需求，不仅仅是基本需求，更重要的是让你感到满足的深层本能需求。也就是说，你长期为了某物或某人，牺牲了个人的幸福。

在另一些时候，一旦达成了某种协议，本能也会随即丧失。当夫妻*不是为了爱情*而步入婚姻时，我常常能发现他们与自己的本能脱节。尽管夫妻二人所有的财务需求都得到了满足，但他们也付出了沉重的代价，不得不成为一对“镀金”的伴侣。或者，当一个人遭受了严重的创伤后，他/她与本能的联系也会遭到直接的破坏。

值得庆幸的是，本能只关心你所处的状态，以及你是否愿意重新与它连接，而不在意已经发生或尚未发生的事情。我们的本能不在乎你是不是一位完美的父母、伴侣还是上级，更不会关心你赚了多少钱，它只关心你的生命之舞跳得有多好。

你的本能正等着你去问：“我是既被滋养着，又*鲜活*着吗？”当

我们与本能失去联系时，梦就变得极具挑衅性，这是心灵正在矫正你的平衡之举。这里我指的是心灵的本质含义，也就是灵魂。

在你的一部分成为无法醒来的“活死人”之前，你的灵魂将召唤你去恢复你的创造性生活的本能。它会对你大声而清晰地呼喊，将你从麻木中拯救出来。

下面举个例子，说明心灵是如何通过梦境召唤我们的：一位全职妈妈在自己的生活中梦游，已然成了一具“行尸走肉”。用她自己的话来说，虽然她已经坠入了万丈深渊，但她也丝毫不在乎了。她向我倾诉的同时也在安慰自己：“我的婚姻很幸福，真的没什么问题。孩子们每天都很开心。老公也很爱我。他们都很健康。”因此，她只是早上起来，做她“**必须做的事情**”。但是，万丈深渊仍然在那里，她自己的生活呢？单调乏味地走着，心中毫无感觉、麻木如冰。一天晚上，她做了一个非常强烈的梦，这迫使她提起注意。醒来后，她开始挖掘梦的意义。她的梦是这样的：

就像在现实生活中一样，她进入当地的健身房，呆板机械，例行公事，无精打采。她穿过健身房的登记区时，迅速对服务人员点了点头，然后开始向游泳池走去。在她继续往前走的过程中，她的毛巾突然从健身包里掉了出来。这让她恼火。她放慢了脚步，继续往前走，试图把毛巾塞回鼓鼓的包里。但是，当她把毛巾往里推得更深的时候，其他东西就开始往外掉。啊！现在，她全

神贯注地把所有东西都塞回健身包里。一番辛苦之后，所有的东西都奇迹般地被塞回了那个鼓鼓囊囊的包里。随着这一切的发生，她才后知后觉自己已经来到了通向游泳池的楼梯的顶层。

她心里想着这楼梯，然后小心翼翼地走下每一个台阶。当她一步一步走下去的时候，她观察着自己的脚：左脚，右脚，左脚，右脚，一步接一步。突然，一个想法出现在她的脑海里："我每天都来健身房，对这里非常熟悉。即使蒙上眼睛，我也能安全地走下楼梯。"

消毒水的味道越来越浓了，她走完了台阶，来到了游泳池。她还没来得及细嗅那股刺鼻的气味，就恼怒地发现毛巾又从包里掉了出来。她用力拉紧健身包，好让所有的东西都紧紧地挤在一起。接着，她放下包，开始戴泳帽。她努力地将那头浓密的长发全部整齐地塞进帽子里（尽管这样做的时候，她感到非常不舒服）。最后，她才抬起头看向游泳池。这时，她发现有一匹狼正坐在池边。当意识到危险的时候，她迅速来回扫视四周。她立刻明白了那只狼只是一直静静地望着她，一动也不动。遭遇这种长时间的凝视让她感到深深的不安。

狼就这样看着她。现在，她除了看回去，什么也做不了。她想跑，但她的腿就是迈不开步子。她看见狼不可思议地用后腿站了起来，示意她下水游泳。

她惊醒后，浑身是汗，惊恐万分，但她又感觉自己终于死里逃生。

狼与不能下咽的情绪

正如你刚刚读到的那样，那位全职妈妈从梦中醒来时感到非常害怕。她的恐惧是一种发自内心的反应，这种反应终于通过梦被传达给了她。在几个月的时间里，在日常生活中，她一直在刻意忽视自己的情绪；而只有在入梦后，她才有所感觉。虽然梦让她感到非常不安，但却同时又让她充满了情绪。

在任何意义上，梦都不能未卜先知。因此，她的梦并不意味着危险即将来临，而是出于一种保护，不让她选择以习惯的方式继续前进。梦通过邀请她在生活中享受玩乐、愉悦、创造力、爱、欢笑和性，试图帮助她重新连接到她的本能。

重新修复自己与本能的联系并不一定意味着把基础结构毁之一炬，而更可能只是意味着你需要做出一些改变。有时候，这种改变看起来像是有意地与你生活中的某些人交流和建立界限；另一些时候，这仅仅是放弃一个让你停滞不前的内在观念。对许多人来说，重新修复自己与本能的联系意味着坦率地培养心灵的

神圣性。极端过度的控制总是会榨取生命的精华，这一过程很有可能通过隐喻的方式在暗示基础结构的烧毁！

当你失去与本能的联系时，并没有所谓的“理想计划”可以让你的生活变得更加美好，甚至试图描述本能也是与人的本能相矛盾的。无论你的处境如何，你都不得不依靠自己做出选择。但是，我想对你说的是：时间可以成为你的盟友。

别着急，慢慢重新与自己的本能连接，然后以你认为最合适的方式做出改变。记住，天生的、狂野的、深刻的本能会以一种你的理性思维都可能无法理解的方式推动你前进。如果你意识到你的情绪出现了不正常的波动，如果你感到迷茫、愤怒、痛苦、激动、空虚、困惑或束手无策，如果你感觉你的心摔成了一块块的碎片，疼痛填满了你的胸膛，那么请重视你的梦，因为梦可以起到治愈的作用。

梦会通过你在梦中所看到的意象，尤其是通过在你内心中激起的情感，引导你继续前进，来到你最需要抵达的地方。也就是说，梦能重新指引你回归到你最具本能和创造力的天性中。

如果梦中的意象是残酷的、暴力的、动荡的，那你就更有理由去关注那些被压抑和限制在生命基石之下冒着泡泡的东西了。

对那位全职妈妈来说，重新发现自己是谁非常关键。她发现思考自己在成为妻子和母亲之前的爱好，是非常有帮助的。她不

再自己逼迫自己去成为一位“完美妈妈”。在重新发现自己兴趣的过程中，她非常享受。

后来，她养成了一个好习惯：每天花一些时间审视自己的真实感受。久而久之，她不再一边吃饭，一边自我批评。她还结交到了一群好朋友。她放弃了竞争心理，开始经营与他人的人际关系。

这一切都不是在一夜之间完成的。事实上，这经历了好几个月的时间。不过，时间已经无关紧要了，因为她现在可以体验自己的生活，而不是像一具行尸走肉一样挣扎度日。

当你彻底承认事实的时候，事情就会发生转机。你不能在垃圾上系个蝴蝶结，然后称其为花束。因此，无论你现在与本能的关系如何，都要明白一点：你的梦会指引你找到回去的路，告诉你何时应该休息，何时应该努力，何时应该奋斗，何时应该去爱，何时应该放手。你的梦会准确地指导你如何转化和改变阻挡你前进的障碍。

本能与**感受你自己的内在情绪**相关。也许，你可以花一个下午的时间在户外晒晒太阳，或者花一个晚上的时间在星空下跳舞，从而让你的心灵得到抚慰。也许，你可以不再介意自己的外表，欣赏自己的身体。记住，连接本能并不是一件一劳永逸的事情，但仅仅是一个充满感情的创造性活动，就可以重新唤醒你与本能的联系。

本能与性别无关

无论我们如何理解，每个人都拥有与生俱来的本能。尽管我在之前提到的是一个女性的例子，但任何人都有可能失去与自己本能的联系。许多人在社会化过程中容易形成刻板的思维（比如只关注成家立业），如果一个人没有为探索自我而腾出各方面的空间，就很有可能丧失与本能的联系。

我见过很多男人失去了本能，因为他们被培养成了不能展现脆弱一面的“真男人”。社会的很多方面同样会让男人们失望。他们忘记了男人不只有“真男人”的那一面，男人也可以暂时抽身离开竞争激烈的职场生活，培养丰富的内心生活，满足内在的精神需求。

如果你说服自己，在达成目标后，你就可以开始真正的生活，那么也许你可以直接承认你当下的情绪。当你重视自己的内心生活后，无论身处何种环境，你都能感到更多的活力。

我们永远都不会等到一个诸事完美的时刻，也不能在等到之后再去享受生活。越密切地倾听你的本能，你就越能在通往目标的路上收获更多的喜悦。对我们所有人来说，本能本身是具有某种引力的，它吸引着我们去过一种真实的生活。

在你需要时，即使你有所不便，梦也能促进你痊愈

当你感觉与自己的本能失去联系的时候，尤其是当你在日常生活中感到情绪低落的时候，梦到自己被追逐或遭受某种威胁是相当常见的。此外，梦到陷入危险或者受伤的动物也是很常见的。通常来说，你对待受伤动物的方式反映了你当下的促进内心愈合的能力。

你还有可能会梦到其他人前来拯救你，或者某件事的发生解救了你。以下两种梦都表示一种蜕变：受伤的羔羊经过悉心的照料，得以再次行走；一只老鹰从你的头顶飞过，袭击了一个正在梦中追逐你的隐形人。援助往往来自于最令你印象深刻的梦中形象。

你也会发现，当你与你的直觉协调一致时，会很容易梦到与动物相关的美好经历。例如，你在梦里正舒适地骑着一匹漂亮的马，朝着你想去的地方前进。相反，如果你不知道你要去哪里，而马却正在以惊人的速度飞奔，那么这个梦可能是在提醒你，你正被自己的欲望和内在驱动力所控制。也就是说，梦在提醒你，你需要在现实生活中重新拿回对基本欲望的控制权。

为了清晰起见，让我们再以那位全职妈妈的梦为例，分析其中的丰富信息和象征意义。她出现在自己非常熟悉的健身房

里（健身房代表了她的心灵）。她不担心健身房里的人和事，只关心健身包和所有从包里掉出来的物品（健身包代表了她的情绪状态）。

她把一切都塞进了心底。换句话说，她正在努力压抑自己的情绪。但是，那条能让她保持温暖和干燥的毛巾总是会莫名其妙地掉出来，让她感到无比烦躁。她的情绪就像那条毛巾一样，需要找到一种释放的方式。

她一边下楼梯来到游泳池，一边心想自己即使蒙着眼睛，也能走下去。这意味着她可以凭借直觉本能地引导自己进入心灵层面，而不需要刻意关注要去哪里。接着，她把美丽的头发塞进一顶不舒服的泳帽里（在梦境和故事中，头发通常代表着性欲或力量）。然后，她来到了游泳池。游泳池象征着她的无意识，因为她必须爬下楼梯才能到达；但如果游泳池位于顶层，那么象征意义可能就不一样了。然后，她看到一匹孤独的狼示意她跳下水游泳，这是一个明确的信号，邀请她关注自己的无意识、情绪、直觉（游泳池和游泳），再一次连接自己的本能（发现内在的狼）。对她来说，梦的核心信息是重新恢复她与本能的联系。

你的梦也同样能为你提供指导，告诉你如何利用你的情感和思想来获得治愈和健康。

梦在转变过程中的作用

之后，在清醒的生活中，那位全职妈妈经历了一次精神宣泄，她把压抑已久的情绪都发泄了出来。在梦的指引下，她做出了一些必要的生活上的改变，不再伪装，从而收获了更加愉悦的心情。我们每个人都想心情愉悦，难道不是吗？

当你压抑自己的情绪时，你同时也就在抑制自己的本能，自然也会破坏你与直觉的联系。如果你切断与情绪的联系，你会感到束手无策。但是，如果你采取截然相反的方式，毫无顾忌地发泄所有的情绪，那么你同样也会感到脱节。在后一种情况中，你陷入了清除情绪的状态。想想那些无法控制沮丧和愤怒的人吧，他们总会在事后追悔不已；再想想陷入敌对情绪的人们吧，他们总是不顾他人的情绪和感受，在交往互动的过程中始终试图占据主导地位。在这样的情况下，梦会展示象征着与这种不受控制的情绪对话的符号。对于一个出离愤怒的人，他既可能会梦见一个无情追杀民众的杀人狂，又可能会梦到完全相反的梦境，进而意识到调节情绪的重要性。比如，一个有情绪问题的人可能会梦到一片与风景相互交织的宁静水域。如果做梦的人突然意识到水中潜伏着一个怪物，那么就表明他正在处理自己意识之下的问题。怪物之所以会现身，是因为梦在提醒他面对“情绪怪兽”，而不是逃避它。

在强调情绪健康的梦中，容器这一意象常常会出现。在那位全职妈妈的梦中，健身包便是容器的一种！容器具有丰富的象征意义，其中可以存放诸多内容。此外，容器也具有多种形式，如汽车、袋子、饭盒等。在上述例子中，存放在她的健身包中的是她的情绪。一旦我们无法接纳自己的情绪，在面对各种情绪和生活经历时，我们就很容易感到不安。梦提醒我们，每个人都有能力见证、体验和接纳情绪和生活经历。因此，在不同的状态下，我们会梦见不同的象征性容器，比如篮子、袋子，甚至棺材等。

换句话说，梦中的画面和象征物代表着做梦者在情感上的安全感。例如，如果梦境中的象征性容器老旧损坏、支离破碎，那么做梦者的情绪也很可能处于不稳定的状态，他们可能在情感上孤立无援，感到惊吓、心碎、疲惫和压抑。每个人在情绪上都需要得到关注和倾听。梦会揭示出，我们在多大程度上从自身或他人那里获得了情感上的认可、爱和支持。

无论你是压抑了自己的情绪，还是正在遭受情绪的摆布，不平衡的问题都总会出现。这并不是说你不应该产生情绪，事实上恰恰相反。我们需要感受自己的情绪，但同时也要意识到情绪的不稳定性和暂时性。

如果你长期陷入一种情绪表达方式之中，那么说明你已经脱离了正轨。因为我们每个人都会时不时地遭遇这种情况，所以这

并没什么好难过的。梦的出现只是帮助我们更快地回到正轨。如果你想要保持情绪的平衡，那么你通常需要放弃应对情绪的不良习惯，学会释放过量积蓄的情绪，完成一定程度的宣泄。如果我们可以做到这一点，就能进一步完成转变，也就是说，当你面对与过去经历相关的消极情绪时，可以感受它，试着完全接受它，最后再选择释放它。我们会在接下来的浪潮梦中清楚地看到这一点。

浪潮梦

浪潮梦本质是一种围绕着一个意象（即中心意象）的梦，做梦者会在梦中感到孤立无援。名虽如此，浪潮梦的中心意象却不总是浪潮（尽管在很多情况下确实如此），还可以是一场火灾、一场龙卷风，也可以是一群可怕的激进分子。中心意象仅仅是梦中的核心图像，支配着你的梦境，导致你产生痛苦的体验。

这一术语是由著名研究员欧内斯特·哈特曼（Ernest Hartmann）博士创造的。在对众多病例的研究工作中，他发现那些在现实生活中经历过创伤的人通常会继续经历一种他称之为“浪潮梦”的梦。

在浪潮梦中，从其最真实的形态来看，浪潮并不是为了反复重现创伤性事件及记忆，而是与创造新意象的思维能力息息相

关——通过突出在生活中占主导地位的情绪和感受，帮助做梦者从情感上适应已经发生的事情。

面对浪潮，所有人都会感到无助。关键之处并不是征服恐惧，而是面对自己的感受，并以一种真正有益的方式重新体验脆弱的感觉。浪潮梦是一种明确的信号，提醒你关怀自我，留意需要治愈的伤口。此外，向专业人士求助，帮助你康复，也是值得考虑的方法。

如果你在梦中感到非常恐惧，请明白你的梦并不是在伤害你，而是在告诉你：这是遭遇创伤的直接后果。你的思维同样没有在针对你；相反，你的整个生命都在试图理解一件可怕的事情，努力将你重新调整到有利于身心健康的状态，而你的梦正是调整和治愈过程中的积极环节之一。

恐惧的情绪在梦中有时会如洪水般泛滥，但我们应该明白这是一个必要过程。只有这样，我们才能变得更好。这类梦通常会以“淹没”的形式出现。对我们来说，这一特征并不奇怪，因为一个感到无能为力的人的确很容易被情绪所淹没。治愈的原理便是在情绪洪流积蓄在体内之前，将它们释放。

重要的是，通过讲述你的经历和了解自己的真实感受，你才能理解你的梦境。你不必孤身一人开始这一过程，你完全可以主动寻求帮助。要知道，治愈之路不止一条，重获快乐和健康的方

法同样有很多种。

通过梦来调节日常情绪

日常经历是指非创伤性经历，以及与之相关的情绪，这两者同样会影响我们的梦。事实上，许多科学研究已经证明了这一点[尤其是罗莎琳达·卡特赖特（Rosalinda D. Cartwright）博士的研究成果]。回忆一下，你曾有多少次在经历情绪化的事件（无论是积极的还是消极的）后，在当天或那一周的深夜里做梦。也许，你在健身房遇到了一群很不错的人，然后你在晚上梦见自己和他们一起出现在一场音乐会上。也许，你的邻居不经意对你说了一句话，你当时对此一笑置之，结果却在梦中发现自己正在开车送邻居去医院……

无须付诸努力，梦也能帮助你调节情绪。卡特赖特博士的科学研究证明了：在夜晚，大多数人都会做许多不同类型的梦；随着时间的推移，情绪的强度会逐渐减弱。这就是为什么我们醒来时会比睡前感觉更加良好。梦帮助我们在夜间处理情绪，减缓它们的强度，并将它们转化为记忆。幸运的是，不管我们第二天是否记得做过的梦，这一过程在每天晚上都会发生。

最终，梦将引导我们走向更幸福的生活。不管你此时是否感到幸福，你都会发现你的梦将会帮助你调节情绪。你只需要睡个好觉，让梦为你效劳！

良好的感觉与诚实的情绪

不难想象，很多人通常会认为感觉良好几乎是一种奢望，我也不例外。在人生中，我们的确会有一些艰难的经历，比如亲人的离世、糟糕的一天、胎儿的难产、收入的损失、流行病的感染……这些艰难不应该被积极乐观的陈词滥调所掩饰和忽略。

面对自己的情绪并不意味着在遭遇糟糕的事件时假装感觉良好。记住，良好的感觉只能够帮助你拉开外界刺激和内部反应之间的距离。

很多时候，即使灾难降临，你也能通过认识到自己拥有选择幸福的力量，而获得更多的幸福感。当你再一次发现自己身陷难堪的境地时，你可以选择关怀自我，而不是陷入削弱自身意志的内疚和自我批评之中。

没有什么情绪是对你毫无帮助的。情绪的力量体现在表达情绪而不至于被情绪所困的过程中。当自我界限遭到侵犯时，

愤怒是一种可以保护我们自己的强大动力，悲痛是一种对深爱的尊重，伤感是一把转换情绪的钥匙，暴怒是一种打破限制的号令……所有的情绪都能引导我们走向幸福。情绪不是最终目的，而是流动在生命历程中的路标。

我们不需强迫自己必须感觉良好，在抒发情绪的时候，我们自然会获得良好的感觉。在体验乐趣、爱和喜悦的时刻，你只会尽你的最大能力去感受那一刻的情绪，而不会一遍又一遍地自我肯定："我很快乐，我很快乐。"

然而，当我们身处黑暗之中时，记得提醒自己"我知道快乐的感觉"。即使在你觉得无能为力的时候，你也要一次又一次地提醒自己快乐的感觉，让你的情绪穿过你，从而使你站到幸福的一边。

警告梦与健康

在《拯救你生命的梦：癌症和其他疾病的早期预警信号》（*Dreams That Can Save Your Life: Early Warning Signs of Cancer and Other Diseases*）一书中，作者拉里·伯克（Larry Burk）与凯瑟琳·奥基弗-卡内沃斯（Kathleen O'Keefe-Kanavos）分享了一些人的故事，这些人的梦发出了健康问题的信号，且后来这些梦

的警告被证实是有效的。

其中，一位名叫黛安（Diane）的女士有一个特别的故事。在一场非常生动的梦中，她梦见自己正躺在手术台上，医生切除了她乳房中的一个癌变肿瘤。一醒来，她就预约做了乳房X光检查。几天后，她收到了癌症的确诊书。她和她的医生都大吃一惊。这本书中还有很多例子，以第一人称叙述的方式介绍了一些人做的一些梦，而这些梦警告了他们可能患上某种疾病，随后的体检结果也都一一证实了这些梦的准确性。

这些警告梦都包含一个关键因素：书里所有的人都不约而同地**意识到**这场梦不同于其他梦，具有更加重要的意义。他们的警告梦不是“白日遗思”（day residue）[1]或焦虑的结果。也就是说，这些人既没有观看惊悚的电影，也没有与患有癌症的朋友交谈，但他们却都在夜里梦见自己身患疾病。他们的梦在体验上与平时完全不同——这些梦出乎意料地让他们陷入心绪不宁的情绪之中，从而让他们意识到梦的重要性。

我们不能确切地证明他们的梦究竟是来自宇宙的一个响亮信号，还是仅仅源自被压抑的内在知觉。然而，我们能确切肯定的是，他们根据梦的指引积极采取行动，拯救了自己的生命。我

1　由弗洛伊德所提出的概念，即在白天发生的某个事件，可能会在梦中以伪装的形式出现。——译者注

们每个人都能从中借鉴经验。

你的日常梦也会提醒你注意到一些有待解决的问题。这些问题并不仅限于健康，还可以是你所爱的人的安危，等等。

物理学家兼航空工程师戴尔·格拉夫（Dale E. Graf）曾做过一场特别惊人的梦。在梦中，他目睹一辆汽车爆炸了，而且他认出那辆车和他妻子的车是同一品牌，并且他意识到梦中的汽车并不是象征性地反映了他自己的情绪状态。也就是说，他不是因为对妻子发火才梦到汽车爆炸，也不记得自己在现实生活中有过任何愤怒的情绪。以防万一，格拉夫把妻子的车开到了机修工那里检查。几天后，那位工人打来电话："你的车简直就是一颗定时炸弹！"原来，这辆车的燃油泵和油箱都出现了问题，倘若不及时修理，汽车随时有可能会在路上爆炸。格拉夫梦到了一个可能的未来，并通过行动改变了这一未来的走向。

我们的日常梦中，富含着疗愈、深刻见解和必要的警告。

练习1：通过孵化梦境来进行情绪释放和培育创造性的对策

如果你觉得无法克服情绪障碍，那么你可以通过孵化梦境的

方法来获得清晰的思路。事实上，孵化梦境可以帮助你解决任何你正在经历的难题，这是由于在做梦时，我们处于一种自我的无抵抗状态，因而更容易获得深刻的认识。

我见证过很多人在他们孵化的梦境中，不可思议地洞察到重复性的行为模式、自暴自弃、恐惧、家庭关系的危机等。梦醒之后，他们就能更容易地解决现实生活中的问题，并收获幸福和快乐。

简单来说，孵化梦境是一种技术方法——**在睡觉前**，你在脑海中想象自己想要经历的梦，从而在入睡前做好做梦的准备。作为一种古老而有效的想象技巧，梦境孵化可以帮助你集中注意力，并帮助你针对自己可能正在经历的问题想出创造性的对策。

为了孵化你的日常梦，你只需要在入睡前设定目标，比如在心里重复默念："我会梦见我的人生目标是什么。只要我获得了梦境的指导，我就会立即醒来。"

在上床睡觉之前，让你的能量恢复平衡；接着，除了设定的目标之外，什么也不要想。当你觉得你就快要睡着的时候，再次提醒自己，记住设定的目标。当分心的想法出现时，只需要意识到这些无关的想法，然后再重新瞄准你的目标，在心里一遍又一遍复述它，直到你入眠。你可能需要连续练习几个晚上。如果你

不能立即得到结果，那就坚持下去。

我的许多客户都通过这个练习成功孵化了自己的梦境。这里有一个小技巧：格外留意你设定目标时的措辞。根据我的经验，与现实生活相比，我们的言语对梦境的影响力更大，所以明智的措辞意义重大。

以我曾经的一位客户为例，他设定的目标是“我的梦将会帮助我找到我的音乐”。他一遍又一遍地重复着自己的目标，就像咒语一般，接着就睡着了。接下来，他整个晚上都在梦见自己穿梭于一家接一家的音乐工作室，一直在忙于寻找音乐，醒来时，他感到非常疲惫。夜复一夜，他都经历着类似的探索，但从未真正发现自己的音乐。最后，他才意识到原来是自己设定的目标还不够明确，于是他改变了措辞：“我今晚将聆听和感受我的原创音乐”。那天晚上，他梦见自己在一家咖啡店里，从iTunes（苹果音乐软件）上购买了一首歌，然后听了起来。醒来后，他立刻回忆起他所听到的音乐，并继续完成了整首歌的谱曲。

当我遭遇情绪上的挣扎时，我就会说：“创造梦境的能量，请告诉我，我为什么会悲伤。”接着，我会梦到一个与之相对应的画面，它告诉我，我在现实生活中失去了什么，或者我需要放弃什么。有时，我梦见的画面是抽象的；有时，我会听到一个空洞的声音在对我说话，讲解我需要知道的事情。根据我个人的经验，

复杂的情绪经常会以图片（甚至颜色）形式出现，提醒我需要什么。我从来没有经历过两次完全相同的梦境（除非我在梦中清醒，并且积极地影响梦境）。

这个过程对你来说很可能是完全不同的体验。请相信你孵化梦境的过程。如果你向孵化的梦境寻求指导，但却得到了一个荒谬的答案，或者压根没有得到一个答案，那么请先专注于你在现实生活中的疗愈，然后在你觉得准备好了之后再次尝试。

练习2：使用清醒时的想象力来进一步探索你的情绪故事

如果你觉得自己的梦特别具有深意，想要进行深入的探索，那么你可以在平静的时候做以下练习。你同样可以翻一翻你的梦境日记，挑一个对你来说特别重要的梦，也许会有重大的收获。

第一步：尽最大的努力回忆你的梦。想象梦境在你的脑海中上演，而不主动对其施加影响。

第二步：当你感觉准备好了，请开始按照你认为合适的方式

改变你的梦。你可以修改梦中的任何内容。通常情况下，几分钟过后，你的想象力便会占据主导地位。

第三步：在想象的过程中，你想持续多久就持续多久。

第四步：当你觉得想象已经可以结束的时候，简单地写下你的梦境经历。

第五步：记录完成后，着重标记出你觉得最特别的变化。

第六步：留意你对这些修改的感觉——你清醒时的梦有没有让你感到惊讶的戏剧性转折（或改变）？

第七步：最后自问自答，"我能采取什么行动？"。

这一练习有两个好处：首先，这一练习在平衡心灵中相互冲突的力量的同时，帮助我们应对自然产生的情绪；其次，这一练习可以指出你的极限和优势，这样你就可以培养更加强大的内在凝聚力。

在梦中出现的意象会为你带来深刻的见解和益处。比如，你是否会将你的梦发展到一个可怕的结局？你的普通的梦是否会突然变得特别？某个你压根不想梦见的人是否重新出现，并在你的梦中挥之不去？这个练习将告诉你有哪些梦境需要被粉碎，哪些梦境需要被孵化。如果你愿意，你也可以通过第九章中关于面对黑影的练习来走出可怕的梦境。

第三章

释梦的象征性语言

一个星期三的早晨，我从一个生动的梦中醒来。在梦中，我独自坐在车里，行驶在宽阔的马路上。当时，我正跟着收音机里播放的音乐愉快地唱着歌，猛然从后视镜里看到一只盯着我看的黑色美洲豹。在这一难以置信的情况下，我一脚踩下刹车，把车停了下来。

我转过身，**真的看到了**一只美洲豹。一连串的问题在我的脑海里闪过：怎么会有一只美洲豹坐在我的后座上？它是怎么进来的？它会伤害我吗？它会试图吃掉我吗？如果它要攻击我，我该怎么办？我应该直接从车里跳出去吗？

另一方面，美洲豹却对受到惊吓的我无动于衷，只是把爪子放在系在身上的安全带上，耐心地等着我冷静下来。它直视着我的眼睛，我感觉它窥视到了我的内心深处。当这一切发生时，一种混合着期待的恐惧开始在我心中涌起。美洲豹张开嘴，我知道它准备告诉我一些很重要的事情。

正当我准备好听它说话的时候，我醒了。

有些梦只是在感觉上不一样，它们都承载了一份情绪上的重量，一种需要关注的重要力量。那只美洲豹给我留下了深刻的印象。多年以后的今天，美洲豹的梦仍然是我经历过的最强大的梦境之一，这不仅仅是因为这个梦的象征意义，也是因为接下来发生的事情。

在做美洲豹的梦的那年，我22岁，没有工作，但坚定地想要弄清楚一切。我做了很多零工，但没有一份是我真正喜欢的。最后，我越来越感到困惑和气馁。在我做这场梦之前，生活的压力让我不得不过上按部就班的生活，而我的迟疑不决在那时真的已经到达了顶点。为了把自己的注意力从我的梦和我的生活状况中转移开，我决定去购物中心散散心，那里有很多家美好的咖啡店和精美的服装店。四处闲逛的时候，我发现了一家很漂亮的二手书店，于是我决定进去逛一逛。一瞬间，我就被这家书店的气质所吸引了。记住，只要你留心观察，被遗忘的时间和新的可能性都在耐心地等待着你。

我一边悠闲地在书店里走动，一边翻阅我随手拾起的书。当我转过一个拐角时，一位接近40岁的金发女人手里拿着一堆书向我走来。原来她是一位图书管理员，她递给我几本正在打折的书，让我看一看。我还没能从惊慌中回过神，她就已经去和另一个顾客说话了。我忽然发现我手中最上面的那本书是林恩·安

德鲁斯（Lynn V. Andrews）的《美洲豹女士：蝴蝶树的智慧》（*Jaguar Woman: The Wisdom of the Butterfly Tree*）。这种巧合的共时性[1]让我为之一颤。我立刻买下了这本书。在那一刻，我清楚地意识到，无论是在现实生活中，还是在梦里，我都需要关注所有向我传递的象征性信息。

我的经验告诉我，来自宇宙的象征性指引可以从梦境延续到现实生活。只要我们主动关注象征性指引，我们在接受指引的能力上就没有任何障碍。也就是说，无论是在你的生活中，还是在你的梦中，宇宙都会向你传达很多的信息，而你只需要负责接收即可。

大多数人都有自己的梦，而宇宙也在努力地吸引我们的注意。我们需要一些重大而大胆的信息，它们越是显而易见（但始料未及），我们就越能相信自己能够与这些信息交流。我的经历就完美体现了这一点——我在梦中获得了指导，但我却选择了忽略它。

我没有花时间去倾听和理解我的梦，相反，我只是耸耸肩，再次选择了分散自己的注意力。然而，“美洲豹”在我醒着的时候也紧跟着我，让我无法完全忽视它所传达的信息。如果我倾听

1 共时性（Synchronicity）：是心理学家荣格在20世纪20年代提出的术语，指的是“有意义的巧合”。——编者注

了我的梦，我就能意识到我已经看到了前进的道路，也就会发现我的梦已经给了所有我需要的答案。

在梦里，我正开车行驶在一条宽阔的马路上（象征着广阔的可能性）。路上没有其他车辆和障碍（象征着我的道路是畅通无阻的）。我一边开着车，一边愉快地唱着歌（象征着旅程是愉快的，我正掌控着我的生命）。

在许多古代文化中，美洲豹是力量的象征，通常与治疗和“萨满启蒙”有关。在我的梦中，那只美洲豹齐整地系着安全带坐在后座，这表明我的内在力量在生活中退居次要位置。事实上，美洲豹不仅没有伤害我，而且正准备告诉我一件非常重要的事情，我开始为此感到兴奋，然后醒了过来。在做这个梦的时候，我还不是一个经验丰富的清醒梦者，否则我就会借此机会孵化另一个梦，从而听到美洲豹究竟想要对我说什么。

我的日常梦经常向我展示我需要知道的信息，但我却没有采取任何行动，进而封闭了我的内在力量。事实证明，我的恐惧不是因为我不能做出正确的选择，也不是因为我迷失了方向或者陷入了困境，而是因为我获得了一种可以改变现状的内在力量。这个礼物让我既害怕又兴奋。

我在梦中对美洲豹的反应突出了我的内心冲突。在梦里，我一心想的是美洲豹会不会攻击我，伤害我，吃掉我。我甚至为了

避难，一度想找机会从车里跳出去！换句话说，我在梦里对待美洲豹的方式其实反映了我在生活中如何面对自己。这个梦突显了我所面临的抉择——我是继续逃避我的内在力量，还是使用我的内在力量？

我意识到我的优柔寡断和经常性的迷茫只不过是掩饰恐惧的借口。我太害怕做出错误的职业选择，却在无意中丢弃了我的精神力量，关闭了内在视觉，主动将自己押进了一个让自己动弹不得的监狱之中。

当我们决定改变，选择勇往直前，用内心的力量去面对现实，不顾及任何恐惧和束缚自我的观念时，生活就会发生变化。通过重新进入大学学习，我再次找回了自己的情绪力量和生活热情。与此同时，我在一位萨满导师的指导下学习，他帮助我探索不同的灵性理论和实践活动，提升我内在的能量。我还在一家零售商店找到了一份兼职工作，缓解了自己的经济压力。最重要的是，我结束了一段显然走不通的感情，重新拥抱了单身的生活。

在我不再专注于思考未来之后，整个前进的过程变得十分愉快。我不再试图从未知中创造确定性，而是每天向前迈出健康的一步，同时积极地学习如何拥抱未知的神秘。这也是美洲豹在丛林中活动的缩影，其象征意义是显而易见的——拥抱黑暗的神秘，并在黑暗消散之时捕猎。

梦是一种象征性的故事

正如你所看到的，梦中的一切（从梦中人物，以及他们与你互动的方式，到每晚呈现的逼真梦境）都具有象征性。在梦中出现的象征符号不存在错误之说，它们都是具体的、有意图的、适时的。

即使我们不能立即理解或通过直觉领会梦中的意象和信息，梦中的象征符号也仍然是非常重要的。梦的信息旨在帮助我们治愈、创造和积极向前。你应对梦的象征符号的方式十分重要。如果你在网络上随便搜索一下“梦的象征符号”（dream symbolism），你会发现有超过10亿条相关结果。在清醒和做梦的时候，我们都有一种巨大的集体性动力去理解象征符号，因为我们本能地知道这些象征符号富有重要的见解和巨大的意义。超过10亿条搜索结果表明，人们对于如何破译梦的象征符号及其包含的信息众说纷纭。我使用两种非常具体的方法来解析梦中的信息，这两种方法都将心理洞悉与灵性直觉相结合。第一种是“接受—相信—澄清”（Accept，Believe，Clarify）的释梦法，第二种是较为传统的主题释梦法。接下来，我会向你展示如何准确地使用这两种释梦方法。

为了准确地解析梦的信息，你需要同时关注你在梦境和生活中的心灵与精神因素。在解析梦境信息时，你的情绪、想法、日常

经历和个人史可以被视为一个“心理框架”，而集体历史、你的能量共鸣、直觉洞察和未来表现则可视为一个“精神框架”。这两个框架之间并没有显著的区别（“接受—相信—澄清”释梦法除外）。

所有的梦都是“**神秘合一**”[1]的呈现。这意味着梦是一种媒介，我们通过梦可以将对立面整合在一起，比如心理和精神、阳性和阴性、物质和非物质、无意识和有意识、思想和情绪。整合所有的对立面，从而发挥更大的效用。

再次回到我的美洲豹梦。起初，我以为自己只是做了一个日常梦；然而，宇宙对梦中的象征符号发挥了巨大的影响力，我后来的共时性经历很好地证明了这一点。我的梦是一条灵性信息，告诉我如何克服我在情感和心理上的障碍（即恐惧和束缚自我的观念）。这个梦是精神和心灵共同作用的结果。

你的心灵、精神和往常一样，并没有与你断开联系，但这对组合被一种感觉蒙上了阴影。现在，我希望你能花点时间思考一下你自己的梦与你目前的生活经历是否存在关联。比如，你的梦是否会常常向你展现身体中象征灵性的动物的遭遇？相信我，你的梦最终总会让你感到更完整和更幸福。

在一些预言性或先知性的梦中，我们要么能看到个人的生

1　与神的合一，是基督教神秘主义宣称的最高宗教经验。——译者注

活，要么能看到集体的生活。例如，在“9·11”恐怖袭击发生之前，许多人都做过奇怪而不安的梦，一些人甚至梦见了塔的意象。例如，有一位女人梦见了一个骷髅塔，周围全是灰烬；还有一个人梦见了两只飞翔的翼龙在两座相同的高楼周围盘旋。以上只是众多集体超自然梦中的两个真实案例。

梦向我们展示了我们与精神的连接，以及我们可以通过简单的连接获得更大的利益。更重要的是，无论是在危机和创伤时期，还是在幸福时期，我们与他人以及周围的整体生活都能随时建立一种内在的联系。通过获取梦境中的所有信息，我们能够在内部和外部，以及个人和集体中茁壮成长。

使用“接受—相信—澄清”释梦法来解析你的梦境信息

“接受—相信—澄清”释梦法旨在将梦境视为及时性的资源，从中获取直接的见解和指导，而主题释梦法的核心是分析长期存在的行为模式。

“接受—相信—澄清”释梦法需要你将自己的梦看成一个完整的故事，**并与你现在所处的状态相联系**。在使用这一释梦方法时，我的黄金法则一直是问自己这样一个问题：**为什么这个梦以**

这种方式在此时出现？让我来讲述一则来自我的研讨会的一个参与者的故事，她慷慨地允许我与你们分享她的梦。在你使用“接受—相信—澄清”释梦法之前，请先试着解释这个梦。我的建议是先对自己的释梦技能水平有一个大致的认识。这个梦是这样的：

> 我开车时遇到了红灯，但我却没有在红绿灯前刹车，反而加速穿过了十字路口。其他车朝我冲来，我想那些车差点儿就要撞到我了，但幸好我还是成功开到了路的另一边。当我决定回家时，我的心怦怦直跳。不久之后，我就醒了。

你觉得梦中的信息是什么？是一个充满希望的故事，还是这只是一个由焦虑引发的梦？让我们一起采用“接受—相信—澄清”释梦法来探索梦中的信息。

第一步：接受并承认梦中所有的象征符号

在这个梦中，做梦者显然是在处理梦的六个象征符号：

1.红灯

2.汽车

3.十字路口

4.其他车辆

5.恐惧和预判

6.家

我们可以将梦中的信息提炼一下：做梦的人正处在十字路口，她不顾正在行驶的其他车辆，做出了一个冒险的决定——闯红灯。好在她安全地冲到了路的另一边，松了一口气。最后，她决定回家。

第二步：相信梦以你的利益为核心

这个梦首先传达了关于冒险及其潜在后果的信息。我们是如何得知这一点的呢？因为闯红灯的风险很大。作为一个解读梦境的局外人，我们尚不清楚冒险与梦的真正关系。但是，有一点是明确的，那就是做梦者正处在一个十字路口，而风险在某种程度上与其所做的选择有关。

“十字路口”这一符号非常重要，因为它的结构象征性地展示了四种选择（你可以向左，向右，向前或向后），从而揭示了我

们睁大眼睛做决定的重要性。

梦中人遇到了红灯，决定不顾风险，直接前进；但是，现实生活中的红灯实际上是“刹车”的象征。最终，梦中人因闯了十字路口的红灯而违反了一条基本交通法规。值得庆幸的是，她没有被其他车撞到，安全穿过了十字路口。当她决定回家时，她的心怦怦直跳。

虽然表面上有些梦的象征符号是消极的，但所有的梦都能带给我们积极的指引。就像我之前提到的，你应该坚持从自己的梦中分析出积极有益的解释。这是“接受—相信—澄清”方法的关键一步，即相信你的梦正在反馈给你有利的信息。如果说这个梦是为了做梦者的最大利益而产生的，那么它的核心信息到底是什么呢？

做梦者正处在人生的十字路口，她感觉自己正面临一个有风险的抉择，而这个决定很可能会违反规则。梦提醒做梦者，在现实中开始冒险之前要考虑冒险的后果，而且就像梦的结局那样，不管有多大的风险，在这一切结束的时候，梦中人都能安全回家。

现在，我可以和你说实话了，其实这个梦是我的一位客户做的，她当时差点和一位男同事发生婚外情。当你把梦与生活中实际发生的事情联系起来，事情就会变得清晰明了！**这就是为什么你需要一直问自己这样一个问题：为什么这个梦要以这种方式在此时出现？**

现在，让我们回到那位客户的梦中，但这一次我们有了额外的信息——潜在的婚外情。梦中人正处在人生的十字路口。她会选择欺骗自己的丈夫吗？在她的梦中，红色的交通灯代表着一种社会行为规则，即遵守一夫一妻制。我们都知道红绿灯是一种社会符号，因为我们会在红灯亮起时刹车。但是，梦中人不遵守交通规则，毅然决然地闯了红灯，这象征着她在情感上和生理上都想冒险搞婚外情，而这个梦承认了她的性欲和欲望。

在梦里，其他的车辆朝她冲过来。这些车可以代表那些发现婚外情的人，甚至也可以代表她本人对欲望的内在判断。这些车辆还可以被视作“生殖器”的象征符号。她不顾撞车的危险，最终有惊无险地驶到十字路口的另一边，毫发无损地走出了险境。她感觉自己的心脏在胸腔里怦怦直跳（类似于出轨刺激肾上腺素释放后的反应），接着她决定回家（选择回到伴侣的身边）。

第三步：明确你的行动步骤

梦中的信息与判断并无关系，而与明确的行动相关。做梦的人可能会觉得，梦在暗示冒失之举不会导致意外，因此她不会因为婚外情而受到惩罚。但是，因为欺骗和背叛的行为让她感到纠结，所以梦展示了内在的冲突，这并不意味着梦在告诉她应该或

不应该对伴侣忠诚。她的梦只是在说明冒险的婚外情可能对生活产生的影响。尽管如此，她在梦中的行动步骤仍然是明确的：愿意重新回到自己的家庭。

剖析“接受—相信—澄清”释梦法

如果你采用我的“接受—相信—澄清”释梦法，那么将你的梦与你生活中实际发生的事情相联系是很重要的。你的梦将会引导你回顾你的所有经历。为了更好地分析自己的梦境，你只需要认同一点：所有的梦实际上都在为你提供对当前问题和长期问题的深刻见解。尽管我的客户梦见了常见的象征符号（汽车和道路），但这些符号对她个人而言具有独特的重要意义。

现在，不妨想象一下，有一个43岁的男人，在他做梦的那段时间里，正在接受癌症化疗。即使他的梦中的意象保持不变，梦也会呈现出完全不同的意义。比如，他来到了红灯前（癌症诊断书），发现自己处在一个十字路口（疾病与健康，甚至生与死之间的悬崖）。尽管其他车辆（具有侵略性的癌细胞）向他冲来，但他还是穿过了十字路口，到达了另一边（健康）。他松了一口气，决定回家（身体和精神之家）。梦也显示了做梦者对诊断和治疗的

感受。与此同时，梦作为一种精神上的安慰，向做梦者表明他能够穿过十字路口，回到家中。

当你使用“接受—相信—澄清”释梦法时，首先需要接受并认可梦中的所有象征符号都会对自己有所帮助，这意味着即使是那些可怕的象征符号，也不会例外！你要相信梦以你的最大利益为前提，并且你要用对你有利的方式来解释梦。然后，你可以将自己的梦看作一个故事，透过你在这个故事中所看到的意象、所采取的行动和所体验到的情绪，得到象征性信息。最后，根据梦境的指引，明确你的行动选择，这样你就能在现实生活中积极地前进。

主题释梦法与分析法

主题释梦法以反复出现的梦境意象为基础，并着眼于个人的长期发展。因此，主题释梦法与“接受—相信—澄清”释梦法截然不同，后者只适用于一个梦，而前者则要求你记录足够多的梦。我建议你在采用主题释梦法之前，至少收录30个梦境。

如果你之前采纳了我在这本书开头给你的建议，已经开始了自己的梦境日记，那么恭喜你，你现在就可以开始尝试主题释梦法！如果你没有积攒很多的梦，也不要担心，等你准备好了，再

回到这一节即可。

这种释梦的方法旨在帮助你识别长期存在或不再有效的信念和行为模式。这一方法能确切地触及你个人成长的核心，因为它能确切地告诉你，你需要关注什么，接受什么，放弃什么，以及为了变得更好而改变什么。

在释梦过程中，你还会发现，很多在你当下意识之外的观点会逐渐显现出来。因此，释梦是一个极具启发性的过程。只有当你真正了解那些无益的行为模式和观念时，你才能真正摆脱它们。

做练习的时间：

这一练习与你的个人成长息息相关，需要你至少从空闲时间中抽出一个小时，并积极主动地完成。我发现，当我一边放音乐，一边做这个练习时，我会因歌词而选择不同的主题形式。因此，温馨提醒：尽可能在不会被打扰的情况下做这个练习。毕竟，你要去探索的是自己的内心世界。

准备工作：

你需要你的梦境日记、一些不同颜色的笔，还有几张纸。你也

可以在我的网站上（athenalaz.com）免费下载我的梦想日记样本。

发现出现在你的梦境日记中的潜在主题

你的核心目标是留意那些在梦境中重复出现的象征符号、情绪、意象和地点，这样你就可以发现它们所代表的共同主题，识别你的任何长期存在的行为模式和观念，进而充分利用它们来获得个人的成长和发展。

这一形式的释梦艺术旨在突显那些重复出现的象征符号和意象。切勿抱着先入为主的观念去提前判断一些你会发现的信息，请以开放的心态和较低的期望开始练习。

你可以使用彩笔，在不同的梦境上标记出重复出现的象征符号。例如，你可能会在你的大多数梦中注意到同一所房子或者同一家旅馆，因此你可以把房子或旅馆标记为一个重复性的象征符号。你可以一边浏览你记录的梦境，一边标出在不同梦境中频繁出现的象征符号。也许，梦中的水或火的元素在你所有的梦境中占据显著的地位；也许，你会注意到你在梦中经常穿着一件特定的衣服（比如一条牛仔裤），或者经常做一个特定的动作（比如开车）；也许，你可能经常在梦中反复使用“害怕”和“焦虑”这两

个字眼……无论哪种情况，只要遵循这个方法，你就可以尽量详尽地检查在所有的梦境中反复出现的象征符号。

接着，阅读你标出的内容，在一张纸上粗略地罗列出你注意到的重复出现的象征符号。以下是我的一位客户在翻阅三个月的梦境日记后整理出的象征符号列表：

1.房子

2.游泳池

3.害怕

4.电梯

5.汽车

6.宾馆

7.火车

8.钥匙

9.住宅

10.学校

11.海洋

12.逃跑

13.女司机

14.在现实生活中不认识的人

15.伙伴

16.焦虑

17.聚会

18.社交活动

列表的长度无关紧要。最重要的是，在你列出了所有重复出现的象征符号后，你需要再浏览一遍。这样一来，你就可以进一步“浓缩”这些象征符号。例如，前面的列表可简化如下：

1.游泳池、海洋

2.房子、住宅、宾馆

3.害怕、焦虑、逃跑

4.电梯、钥匙

5.学校

6.汽车、火车、女司机

7.陌生人

8.伙伴

9.聚会、社交活动

象征符号的列表应该由一个个单一主题组成。例如，“游泳

池”“海洋”都代表水，因此第一个明确的主题是水；“房子”“住宅”和“宾馆”可以组合成另一个主题，反映做梦者的心理状态；下一个可以归类的象征符号是做梦者的重复性情绪（“焦虑”“害怕”和“逃跑”），反映做梦者应对生活问题的方式或策略。

试着把尽可能多的象征符号与一个潜在的主题联系起来。有时，多个象征符号可以组合在一起；有时，它们独立存在。比如，在上述列表中，“学校”“陌生人”和“伙伴”与其他象征符号不具备相似性，因此它们中的每一个都只能是独立的主题，不能纳入其他主题之中。“学校”这一主题很可能代表做梦者过去的童年经历或目前正在进行的学习任务，“陌生人”这一主题很可能代表做梦者在内心和外部正在经历的新奇体验，“同伴”这一主题代表了亲密关系（或者更直白地说，“同伴”代表了伴侣）。

我们需要以一种实事求是的方式来梳理这些象征符号。简单地问自己：“我可以把这个符号和什么联系在一起？”接着，继续追问：“这个符号大致可以代表什么？”运用你的直觉和常识作答。

通过归纳和发现主题，你会注意到你生活中需要被协调和改变的事情。如果你对某些符号和主题毫无反应，或者你对它们产生了强烈的情绪，那么请务必把它们重点标记出来。

这些看似不必要的象征符号是你获得转变和解放的绝妙线索！它们可能不是你理想的符号，但绝对是你需要的符号！

即使是让你感到烦恼的象征性主题，也可能掌控着你通往个人自由之门的钥匙。如果你总是梦到自己出现在凌乱的房子里，那么这个梦很有可能是在告诉你，你需要清理阻碍着你的能量、观念、情绪和行为。不妨问自己：是什么让我沮丧？我需要先清理哪一个烂摊子？

这个练习的最终目的是利用这些主题（也就是你梦中的信息！）来取得更大的个人进步。如果你不开展行动，那么获得的灵感和深刻见解也就失去了意义。充分利用你得到的信息！向自己提出反思性的问题可以帮助你分析你发现的那些主题。如果你意识到在你所有的梦境中都有一个共同的主题，例如“逃避”，那么你就可以问自己：我究竟是在逃避什么？我为什么要逃避？我是在害怕亲密关系吗？我是在担心被别人评判和拒绝吗？如果我真的得到了我想要的，那么我会有什么感受？如果我说“是”而不说“不”，那么会发生什么？如果我真的找到了真爱，那么我的生活将会发生怎样的变化？深入挖掘自己的内心，找出阻碍你前进的根本原因。让你的梦曝光所有隐蔽的恐惧，从而照亮你前进的道路。

也许，你会担心即使改变，生活也还是会像过去一样，以痛

苦告终；也许，你会担心改变失败后的尴尬。但是，无论如何，你都可以采取积极的行动，改变与内在障碍的关联方式，从而越过任何阻碍。如果你的梦提醒你正在逃避，那么在现实生活中，你可以去主动体验那些你一直在逃避的经历、情绪和人际关系。

如果在现实生活中，你拥有足够的勇气去尝试一种新的方法，你会发现你在夜里做的梦会随着你一起改变。记住，**梦总会配合做梦的人！**也就是说，如果你在现实生活中改变了你的行为，你的梦境内容也会随之改变。例如，你会先梦到自己被人追逐，不得不逃跑，然后才会梦到自己在参加气氛友好的社交活动，甚至会梦到自己在爱抚宠物。

如果你发现自己仍然在与难对付的象征符号、主题和情绪斗争（就像我们所有人一样），那么你可以邀请它们进入到你的清醒梦之中。清醒梦将帮助你理解为什么有些象征符号在一开始是如此棘手，并且你可以简单地在清醒梦里重现一段与你正在挣扎的事情有关的记忆。我发现，每当我这样做的时候，我都会得到一些启迪和更好的感觉，希望你也能有这样的收获！

第四章

在梦的主题和象征符号的指引下采取行动

✴

在前一章中，你已经了解了两种非常有效的释梦方法：**我的“接受—相信—澄清”释梦法**与**主题释梦法**。这两种方法都表明，释梦是一种高超的艺术，只要付出一些努力，任何人都可以熟练地掌握释梦的方法。梦境是人性与神性交汇之地，这意味着我们在睡眠中得到的指引是神圣的。

当你从梦境中分析出信息后，就可以根据梦的指导在生活中开展行动。你个人的成长与你得到的梦境信息是息息相关的，这也是我们接下来一起探讨的重点。

现在，如果我请你谈谈你自己，你会说什么呢？你会给我讲一个关于疲惫和沮丧的故事，还是一个关于平静和接受的故事？相比之下，如果我请你讲述你真正想要的感觉，你又会说什么？也许，平静是你此刻最大的心愿；也许，平静对你来说至关重要，因为它代表着对彻底改变的渴望。

我对后者感同身受。20岁出头的时候，我曾花了很多的时间和精力，想要感受到支持和鼓舞。然而，我的日常经历却总与这

些愿望相距甚远。一个人的生活环境往往可以反映他的情绪，而在那时我大多数时候只感到不知所措和焦虑不安。

你是否也有过类似的经历：当下的状态与理想的状态之间存在着很大的差距，同时你又不知道如何改变现状？也许，对你来说，离幸福是遥远的；也许，这一距离只有一步之遥。无论如何，我相信梦总能提供最大的帮助。白天的梦（那些通过内心的召唤而发现的生活中宏大而大胆的愿景）和夜间的梦都能引导着我们积极前进。梦告诉我们如何通过象征性的方式唤起与意象和情绪的对话，从而跨越理想与现实之间的鸿沟。

你会发现，经常做梦的人能够在梦的指引下，通过改变现实生活中被局限的观念、情绪和行为来缩短这种距离；经常做清醒梦的人通过有意识地改变梦境，然后将新的情感共鸣带入清醒的生活中，进而缩小理想与现实之间的差距。这两种梦都同样有效。

采取行动，实现未来的目标

当我在教授如何分析自己的梦时，我的客户们往往会优先选择主题释梦法，这通常是因为他们认为通过梦境日记找到主题是

一个既愉快又容易的事情。但是，有时有些人在使用这种方法后，仍然不确定在现实生活中应该采取怎样的行动。在这种情况下，将你的梦境主题与未来的目标和当前的情绪健康状态相互联系起来是相当有益的。

对于一些人来说，虽然了解自己的情绪健康状态并不难，但他们却很少去做。然而，对于许多人（包括我在内）来说，情况肯定是不同的！为了了解你目前的情绪健康状况，你需要能够准确地说出自己的感受。下面是一份情绪列表，旨在帮助你辨认自己的感受。

- 滋养、安全、平和、友爱
- 创新、开朗、热情、快乐
- 精力充沛、兴奋、愉快
- 信任、自信、确定
- 积极期望、乐观、渴望
- 期盼、相信、受到鼓舞
- 满意、平静、接受、满怀希望
- 无聊、厌倦、冷漠
- 愤世嫉俗、心怀戒备、悲观
- 挫败、焦躁、恼火、疲惫

- 脆弱、不安、紧张、恐慌
- 伤感、泄气、失望、心烦意乱
- 忧虑、担心、犹豫
- 害怕、焦急、惊慌
- 苦闷、受到指责、愤恨
- 受阻、不安、不满
- 敌视、愤怒、伤心、痛苦
- 心存报复、复仇心重
- 狂怒、憎恶、痛恨、仇恨
- 羡慕、忌妒、能力不足
- 羞愧、难为情、担心、愧对
- 畏惧、恐惧、惊恐

你能确定自己当前的情绪状态吗？也许，你现在正处于热情与希望的状态中；也许，你深陷沮丧和焦虑的状态中。现在，回想一下你已经发现的梦的主题和信息。这些主题和信息传达的情绪信息究竟是与你的情绪相似，还是与你目前所经历的情绪完全相反？

在我20多岁的时候，我经常梦见自己出现在通勤路上，而道路上总会出现各式各样的障碍，充满曲折，险象环生。或者，我

会梦见自己出现在一艘船上，大海上波涛汹涌。总的来说，我的梦非常疯狂；醒来后，我常常感到筋疲力尽。当时，在清醒的生活中，我处于一种回避的精神状态，假装一切都很好，但实际上却并非如此！我一直想要获得平静、自信和安全的感觉。但是，无论是情绪层面还是在现实经历层面，我的状态和理想的状态之间都有着很大的差距。

一个星期六下午，我静下心来，梳理我的梦境主题。我发现水、交通工具和动荡无常的梦在近六个月的梦境日记中反复出现。连续几个月的梦境主题都在向我宣告："你的情绪状态很不稳定。如果不主动调整，你很快就会陷入崩溃！"

显而易见，我需要格外留意自己在现实生活和梦中正在经历的情绪。我逐渐开始明白，我不仅需要获得情绪上的治愈，还需要在生活中给予自己更好的情感支持。如今，我回首过去，发现那些梦的提醒再明显不过！

但是，在当时，我没有按照梦的指引行事。我只是在记录梦境，却很少展开行动。因为我长期都在面对一个无所不在、根深蒂固的问题，所以我的梦境主题总是以重复的方式试图引起我的注意。这就是我会连续六个月做相似的梦的原因之一。在梦中，我不是在狂野的海面上驾船，就是在阻碍重重的马路上开车，车胎随时会爆炸，车门随时会被震开。你发现了吗？这些梦

不仅有相同的核心象征性主题（交通、船只、水、道路、汽车和动荡无常），而且都缺乏情绪控制和方向，只不过呈现的方式略有不同。

重复性的梦（以及梦的主题）强有力地指向了问题的核心。当我做这些梦的时候，我正在苦苦应对压抑了多年的情绪。无论是汹涌的暗流，还是崎岖的道路，它们都代表着我的情绪，但又无法被我表达出来。可以说，我表面的平和之下，正在酝酿着一场爆炸。

有趣的是，我从来没有当过司机，更没有当过船长。我总感到处在别人的操控之下。可以说，我的无意识里的观念和直觉正在操控着我人生的方向盘。我的梦通过象征性的方式提醒我在梦中的行为（情绪失控），以及没有采取积极的行动（我从来没有主动操控交通工具），这一切在我审视梦的主题之后变得显而易见。

我需要成为现实生活的“司机”和“船长”，为自己绘制一条更好的道路，其中包括表达我的感受。我需要摆脱混乱的道路，主动拿回控制权。梦的主题和信息能够揭示一个人的情绪、亲密关系和精神需求。尤其当你着眼于越大的图景时，你就越能在象征性信息的指引下采取正确的行动！

对我来说，这一过程就像是在和一位心理治疗师交谈后，逐

渐从艰难的过去中恢复过来。当我开始（通过改变我与过去的联系）改变我的感觉后，我的梦境也随之改变了。如果现在的我做了相似的梦，我就会意识到我忽略了自己的真实感受，并且立即优先考虑自己的情绪健康问题。

换句话说，在梦的指引下，我现在采取行动的速度要比过去快得多。你可能还会发现，你做梦的时间越长，某些梦就会变得越清晰。因此，你仅需一场梦，就可以得到指引，谢天谢地！

最终，梦的所有主题都能向你揭示你的精力和情绪健康的真实状态，并且准确地告诉你**如何根据你的总体感觉**，制订下一个正确的行动路线，从而在不确定中前进。如果你常常回避、压抑、忽略你在现实生活中的感觉，那么这些感觉很可能会在你的梦中出现，进而让你的梦变得非常咄咄逼人。

你越能娴熟地梳理自己的情绪，梦中的指导就能越清晰。这样一来，你就能更好地理解应该采取什么行动，从而更容易缩小你与目标之间的差距。

常见的梦境主题：其通常所代表的情绪与对应的行动

梦境的主题和象征符号不计其数，但我希望传授给你的不是

一本梦境字典，而是一种准确理解梦境指导信息的方法。其中，最有效的方法就是分析你对共同的梦境主题的感觉，得出明确的行动方案，从而在生活、工作和人际关系中积极前进。

我在工作中也注意到有一系列跨越不同性别和文化的共同的梦境主题。有大量的科学研究[比如帕特里夏·加菲尔德（Patricia Garfield）博士的研究成果]证明了梦境主题的普遍性。为了方便起见，我在下面列出了一些梦境主题。

所有的梦境主题都有“积极”与“消极”之分，但我真的不喜欢这一区分，因为即使是负面的梦境主题最终也能帮助到你。如果你先入为主地采用“好”或“坏”的观念，那么你的认知从一开始就是模糊的，也就无法获得清晰的指引。因此，请用开放的心态去面对你所有的梦境，最好不要为它们贴上刻板的标签。

常见的梦境主题1：上升和下降

一天晚上，我梦见一颗星星的光落在我的身上。我知道这听起来很抽象，但梦境的确如此。没错，梦能让我们进入一个由巧妙的隐喻意象构成的非线性世界。为了唤醒我们的精神和情感，那些深切的隐喻在梦中出现。也就是说，梦运用意象的全部力量将我们推向我们的中心——最真实的自我。

梦的指引：超越梦境的精神觉醒与自我成长

在梦中，我赤身裸体地站在漆黑的夜色中眺望着田野。除了天空，黑暗笼罩了周遭的一切。那一刻，我觉得天空是有生命的，在神秘和沉静中跳动。一瞬间，一颗星星引起了我的注意。我好奇地盯着那颗星星，它先是在我眼前闪闪发光，然后开始移动。接着，随着闪烁的星光落在我的身上，我也倒向地面，进入地下，被黑暗所包围。不一会儿，我就站了起来，向那颗星星飞去，迎向它那光辉的能量。醒来时，一种欢快感在我心头久久曼延。

你会发现，你越专注于分析自己的梦，你的梦就越能超越日常混乱的情绪和心理的投射。当你开始有意识地接受生活中的想象领域、内在生活、内在神性，你的梦就不再只是“白日遗思”，而会变得越来越清晰。

梦能够呈现你的方方面面，甚至包括曾经的你和未来的你。就像上升和下降的梦境主题一样，你是宇宙中交错的一点，连接着物质和非物质、仙境和尘世、神秘与世俗。在梦中，我们可以以多种方式上升和下降：飞翔、坠落、上下阶梯、乘坐电梯或飞机……一直以来，我们都不知道梦的象征符号正在告诉我们这一神秘的交错。

从具体层面来看，这一梦境主题涉及每个人的心灵空间，为我们指明方向，让我们知道自己在心中埋藏了什么，或者背负了什么心理包袱。你的表层意识是什么？你需要从你的心灵深处

挖掘出什么？你需要去追求什么？在做梦时，我们将这些方面带到处于头脑最前沿的自觉意识中，进而恢复我们对这些方面的认识。最终，你不可能在不知道自己从何而起的情况下上升，并且你会明白，你越下降，你上升的幅度就越大。

“堕落”是我们与生俱来的谦卑之词，展示了当我们脱离精神上的优雅后会发生什么。上升和下降的梦以象征的方法提醒我们培养自己的内在精神（有很多活动供你选择，比如冥想、自我探索、帮助不幸的人等）。我的想法是，既不要在自我厌恶的深渊里故步自封，也不要认为走向堕落是不可避免的，而要去相信，我们会在适当的时机中上下浮沉。

常见的梦境主题2：受困和舒展

人类对受困有一种原始恐惧，梦到被困很可能会引起不适，甚至恐惧。从被困在狭小空间（比如汽车的后备厢里）的梦，到遭受他人或环境限制的噩梦，受困始终不是一种轻松的梦境经历。如果你经常经历这样的梦，那么这就是一个明确的信号，提醒你需要在现实生活中全力以赴地摆脱困境。

人们往往将自己视为所处环境的受害者，虽然这可能符合你在现实生活中的处境（比如你遭受了创伤或暴力），但在你的梦

境生活中却不尽相同。梦会召唤你重新获得对环境、人际关系、情绪的反应能力。你的梦和精神会永远支持你去探索幸福和创造性的自由。

有时，唯一的出路就是彻底接受你当前的处境。在一个无比窒息的空间里，一个人自然会**拼尽全力**突破空间的限制。换句话说，用你内心的力量去超越你所发现的局限，去寻找你所需要的自由！

描述受困的词语有很多，比如“监禁”“关押”“埋葬”“包围”“陷入困境”等。根据梦的象征符号和主题，你会知道哪个词与你的经历最为吻合。例如，关于活埋的梦在主题意义上是明确的——活活致死。这可能象征着一种心理本能、一种关系、一种内在精神、一种感觉、一个目标、一个愿望，或者更可怕的是，这可能象征着一部分被埋藏的人格。

受困的梦很可能是在提醒做梦的人要保护自己最私密的欲望，直到它们完全成形；也可能是为突然被夺走的珍贵的东西而哀悼。梦中的象征符号将会一如既往地指明需要采取的行动。

因此，无论如何，受困的梦都隐藏着信息，让你以各种方式赋予自己力量。即使只是前进一小步，也是很有益的！其中，有效的解药之一就是开始使用自己的声音，说出是什么让你觉得被

困住了，以及困境的界限。大声宣告出你更喜爱的体验，然后通过行动去实现。

受困的另一面是舒展、轻松和自由的体验。在舒展的梦中，也许会梦见海滩、嬉戏和无拘无束的水中漫游，让人感到惬意。当我不由自主地梦见去国外旅行时，我知道自己处于舒展的情绪之中。因为我喜爱探索，所以在梦中舒展的感觉很棒。

舒展梦时而会突然出现，时而与你所处的环境有很明显的对应关系。这两种舒展梦通常都传达了关于时机的信息：一种是在你的日常生活中培养一种舒展的感觉，无论你目前的环境如何，始终相信未来的舒展对你来说是可能的；另一种明确的信号则是，无论你在现实生活中正在做什么，这些事都很快就会发挥作用，所以继续前进！

此外，舒展的梦境主题也能展示从困难或局限中解脱出来的方式，因为我们能够以象征性的方式感知舒展的主题。例如，梦到锁链被打破，发现新的房间和出口等等。无论梦境是怎样的，行动都一直是明确的：突破限制，打开通向舒展的大门。

常见的梦境主题3：追赶和拥抱

有太多太多的人告诉我，他们反复梦见自己被追赶，我甚

至无法告诉你具体的人数。有时候，梦到遭遇追赶只是焦虑的表现，这种不安的情绪会一直延续到夜间梦境之中。如果你对这一点感同身受，那么我强烈推荐你阅读阿里安娜·赫芬顿（Arianna Huffington）的《拯救你的睡眠》（*The Sleep Revolution: Transforming Your Life, One Night at a Time*），这本书中的睡眠练习会对你有所帮助。

不过，遭遇追赶的梦不仅仅象征着焦虑的情绪。如果你像很多人一样，频繁地梦见自己被追逐，那么也许是时候直面你的**真实**感受，审视内心中的自己了。你可能会认为，为了维持生活的现状，你需要以某种方式行事或被别人看到。但是，当你梦见被追逐时，你的梦实际上是在告诉你，你无法逃脱自己、过去和未来。

在这一类型的梦中，注意是什么或是谁在追赶你是很有帮助的，因为这会为你带来启发性的重要见解。追逐你的人是男是女？是野兽在尾随你吗？还是有很多人（比如一群士兵）在追杀你？或者只是一个无法辨别的可怕身影？（我们将在之后充分探讨梦中的形象。这里的例子只是为了告诉你如何更广泛地思考与常见梦境主题的关联。）如果你在梦中被捉住了，那么你认为接下来会发生什么？另外，如果你愿意运用全部的情感力量、能力，甚至是爱，面对梦中的迫害者，你认为又会发生什么？

与“追逐梦”截然相反的是愉悦的“拥抱梦”。在梦中被拥抱可以让你对自己和他人更有同情心。此外，拥抱梦还能表示对各种形式的（浪漫的、性的或柏拉图式的）亲密关系、人际交往、爱的渴望。“拥抱”这一梦境主题呼唤你去看看自己当下的生活是如何滋养和拥抱你的，然后要求你采取适当的行动去拥抱生活给予你的一切美好。

常见的梦境主题4：死亡、生命与重生

就本质来说，死亡、生命与重生是非常原始的梦境主题，如果展开详述这些主题，我可能需要另写一本书。在你全面深入这几个梦境主题之前，你需要首先确定你对死亡和濒死，以及生命和重生的感觉。当你了解到你如何与这些主题联系在一起后，它们在梦中呈现给你的方式将会产生更多的意义。

死亡和生命之梦的主题与开始、结束、转变和成长息息相关。你如何看待你与生命周期的联系？死亡和出生都是一种开始，都是人生进入一个重要阶段所举行的仪式。现在，问问你自己：“究竟是何种情况、过程、人、处境激活了我的开始？”

向自己提出反思性的问题，不仅有利于你的释梦，也有利于你的个人成长。学会摸索出合适的问题，然后问问自己：“在梦

境和生活中，我是如何与这些问题和主题互动的？”

也许，你在梦中抱着死去或腐烂的东西不愿放手（比如“尸体梦”）。也许，你在梦中正在为新事物注入生命。梦中的婴儿是具有无限潜力却又无比脆弱的你吗？你会在梦中的婚礼上哀悼，在葬礼上庆祝吗？是怎样的变化周期在涌现？你梦见过自己出现在一片鲜花盛开的田野里吗？什么正在消逝？什么又在诞生？梦里的你看上去究竟是更年轻了，还是更衰老了？你的梦中会突然冒出很多奇怪的事物吗？梦中所有的这些事物都象征着生与死之间的宇宙相互作用，并构成了你对梦的体验。

另一方面，“重生”一词既包含生命，也包括死亡。凤凰在经历了焚烧、死亡和变为灰烬之后，似乎已经毫无生还的希望——直到它涅槃重生之时。在一个美丽的轮回中，穿过死亡的污泥，再次呼吸生命。重生这一过程充分展现了死亡和生命。

死亡、出生和重生象征着生命的奥秘，是比我们更强大的力量。然而，这些奥秘也必须通过我们，才可以相互联结，形成体验。这就是为什么在这种梦中总隐含着某种“降服”的信息和主题。当你完全悦纳这个过程时，你就能通过梦抵达另一端，而且永远不会和以前完全一样。

如何理解你与集体性象征符号、梦境主题的个人联系

梦的主题和符号往往会以相似的方式唤起不同人的情绪。我们都知道被追逐是什么感觉，但到底是谁在追逐，对于我们每个人来说却是独一无二的。同样，我们都可以思考一个常见的梦境主题——“滋养”。

关于什么是滋养，我们可以梦见许多不同的意象。其中，谷物、食物和母亲就是“滋养”的三个象征意象，这三种意象都根植于人类被物质和爱所滋养的更具体的体验。也许，“谷物”从来没有为你带来过“饱腹感”，因此你感到“饥饿”的时间比你所能记得的还要长。但是，你作为自己的照料者，如果连你自己都不知道该怎么做，那么你又如何能滋养你自己呢？首先，从满足内心世界的饥饿开始。

当你在处理梦中的意象符号时，既要考虑到集体性的（或共同的）意义，也要考虑到你自己的与意象符号有关的个人经历。做到这一点是很有帮助的。其中，“母亲”便是一个具有许多内涵的集体性象征符号，同时也代表一些关于你的完全独特的事物。“花”是另一个奇妙的集体性象征符号。在世界各地，不同的文化都会用花来纪念生命中的重要事件或仪式，如婚礼、生日、周年纪念、葬礼等。花本身所固有的形态普遍代表着一个循

环周期的三个阶段：发芽、开花、枯萎。在人类衰老的自然过程中，我们同样可以清楚地看到这种循环。如果更加仔细地去观察，那么我们会发现花也在以象征性的方式代表着死亡、生命和重生这一更大的主题。因此，每当你梦到了花，你首先可以识别花的种类，接着观察花正处于循环周期的哪个阶段，最后获得梦的指引。以下是我自己与花有关的梦的体验。

我的妹妹从小就特别喜欢茉莉花，我们每次在附近散步时，她总会采摘一大束茉莉花。直到今天，她仍然喜欢做这件事！因此，每当我看到茉莉花，与妹妹有关的感情和美好记忆就会涌上心头。每当我梦见茉莉花时，我会知道它对我来说是一个特殊的象征符号，它充满了丰富的意象和情感，让我想起什么是姐妹之间的爱和亲情。茉莉花对我来说既具有个人的象征意义，同时又具有集体性的象征意义。

接下来，为了说明我个人与梦的集体性象征符号之间的关联，我和你分享我的一个梦。在梦中我快乐地走在一片开阔的田野上。突然，茉莉花的藤蔓毫无征兆地缠住了我，逐渐爬上我的身体，最终绕住了我的喉咙。我越发感到窒息和害怕，但我不知用了什么方法终于喊出了："我再也不想和茉莉花藤缠在一起了！"就在那一刻，茉莉花松开了对我的捆绑。接着，藤蔓竟然将自己连根拔起，向田野的另一边走去。

在做这个梦的那段时期，我在现实生活中正处于一种“有毒”的友谊之中，但我不愿面对这一事实。这种关系与姐妹情谊截然相反。我在梦中目睹了这段持续的友谊是如何伤害我的，以及我自己对这段关系的抗拒。我意识到，我需要说出我的真实想法，并结束这段关系（象征性的死亡），这样我们双方才有机会在其他地方开花结果（象征性的重生）。

你也会发现，你在自己的梦中会体验到象征符号和主题，它们与你的记忆相互关联，对你来说意义非凡。重要的是，你需要联系自己的经历，去理解为什么你会在你生命中特定的时刻以那种特定的方式看到那个象征符号。如果你仍有疑问，不妨问自己那个关于释梦的黄金问题：为什么这个梦以这种方式在此时出现？

第 五 章

在常见的象征性梦境中旅行

在梦境中，我们会穿越地下世界、内在世界和外部世界。地下世界是一面映照无意识的镜子。内在世界是你心灵和灵魂的风景、你和精神之间的内在联系，以及清醒梦者所熟悉的无限可能性之中的有限领域。外部世界是反映了我们称之为生活或现实的物质世界。真实的梦境和我们在梦中的行动描绘和表明了这三个世界。

在梦境中，我们会发现自己出现在房屋、建筑物、办公室、商场、停车场、山脉、洞穴、沙漠、森林、花园、水域，甚至不同的国家之中。有些地方对我们来说很熟悉，而有些地方又完全陌生。有时，我们在这些地方中疯狂地走动；有时，我们在另一些地方表现得更稳定，也更平静。因此，在梦境中，**我们会考量自己所处的地方，以及我们的所见和所做，期待朝着完整和平衡的方向前进。**

梦境不仅可以呈现个人生活的状态，也可以阐明集体生活的状态。我所说的“集体”是指自然、生命和地球上的所有人，即

更大的整体。接下来，我会和你分享一些我从研讨会参与者和客户那里听到的最常见的梦境。我建议你与自己的梦境一起合作，去试图调和在梦中发现的不和谐元素。让我们一起在象征性梦境中旅行吧！

梦境中的洞穴：多重象征性意义和向内探寻

纵观历史，洞穴对人类一直都具有重要的意义。比如，墓室、庇护所、拜神之地都是洞穴的形式。在遍布世界各地的洞穴里，岩石艺术的存在证明了一种跨越许多不同文化的古老而神圣的交流。由于洞穴的精神文化和悠久历史，洞穴能够唤起大量的象征性意义。在神话传说中，洞穴常常是与神圣的阴性能量[1]对话的场所。洞穴被视为宇宙的子宫，人们在进入后开始探险，退出洞穴在某种意义上是一种重生。洞穴这一地点与死亡、生命以及重生息息相关。从本质上来说，洞穴象征着人类对庇护和安全的原始需求。根据做梦者的梦境内容，洞穴既可以是

1　阴性能量（Divine Feminine）：神秘学相关词语，指一种注重向内探索的能量，象征着平衡和愈合、更新和恢复。——编者注

治愈的地方，也可以是恐怖的空间。只要看看神话，我们就能在这一与洞穴相关的关键梦境中进一步发现集体性的真相。接下来，我们将走进日本神道教中太阳女神的故事，进而了解洞穴的力量。

在遭受了弟弟一系列残忍的行为和恐吓后，美丽的太阳女神带着她的光，绝望地躲到洞穴之中。整个世界因此陷入了黑暗。很快，混乱接踵而至。八百位神仙聚集在洞外，想要把她哄骗出来。由此可见，这个世界，包括那些神仙，都非常需要她的光。直到天上的女神天宇受神决定用欢笑来改变这一局面，事情才逐渐好转。她在洞穴外狂野地跳舞，同时向人群展示她裸露的身体，引得众神捧腹大笑。太阳女神对外面的笑声很好奇，于是往洞外偷看。她看到的不是一片骚动，而是自己在山洞外的倒影。就在那一刻，她想起了自己与生俱来的神性和美丽。于是，她走出了洞穴，世界再次沐浴在光明之中。

洞穴从来都不是一个明亮的地方，笼罩洞穴的黑暗有着其固有的意义。黑暗可以孕育出丰富的成果。洞穴不一定是能让我们在心理上与自由联系起来的空间，相反，作为一种集体性象征符号，洞穴是一个可以让我们撤退、避难、进入、交流或寻求愿景的地方。简而言之，洞穴是一个潜藏在内心中的黑暗宝库。

洞穴是一种自然存在的物理上的封闭空间，但这一空间与进

入其中的人都具有各自不同的特点。洞穴究竟是一处安全之地，还是一个陷阱？这一问题的答案完全取决于做梦者本人及其目前所处的生活状态。很多曾与我合作的做梦者在面对巨大的内在转变（例如搬家、生活新阶段、工作变动、离婚等）时，往往会梦到洞穴。当他们积极地沉浸在精神旅程中时，他们会思考日后的计划，重新发现内心的生活意愿。此外，当人们开始进入一个需要韧性和勇气的新周期时，他们经常会梦到洞穴，新周期可能是第一次成为父母的历程，也可能是痛彻心扉的丧亲经历（在这种情况下，不妨看看太阳女神的故事，记住笑有缓解悲伤的力量）。

如果你梦见一个洞穴，重要的是要看看你在里面度过时光时的感受。在梦里，你进洞穴里探险了吗？你是被追赶进洞穴避难的吗？洞穴的入口和出口是否清晰可见？你是随身带着灯，还是找到了灯？洞穴里漆黑一片吗？你在梦里有什么感觉？整个梦是什么？这个洞穴和你的经历有什么联系？就像所有的梦境一样，无论是在梦中还是在现实生活中，你对梦的象征符号的态度将会使你对梦的意义产生更加深入的了解。如果你在清醒梦中进入一个洞穴，那么请它告诉你它的故事，你很有可能听到一个相当有趣的神话传说！或者，你也可以随意探索洞穴。

与洞穴相关的另几种梦境象征符号有帐篷、石窟和迷宫等。

梦境中的山：力量和耐力

在梦中，与一座山互动的方式有很多。如果你梦见自己即将登上顶峰，望见广阔的地平线，那么你很可能会感受到一种情绪上的宣泄，以及从成功克服困难的过程中得到极大的满足感。“顶峰梦”通常象征着做梦者在现实生活中即将或刚刚取得重大的成就。

如果你在梦中正在努力攀登高峰，那么你需要问：我的人生要去往哪里？为什么要去往那里？我的潜在动机是什么？我是打算继续，还是放弃？我需要鼓足内心的力量去坚持到底吗？

我经常听到这样的梦，做梦的人在山上开车，驶过急转弯和陡峭的悬崖。做梦者操控着汽车，但却感到万分紧张。倘若做梦者转错了一个方向，就会坠落山崖，这无疑是一种肾上腺素激增的梦境！从表面上看，这类梦可能是消极的，但通常情况下却并非如此。

这些类型的梦只是标志着做梦者正在经历的蜕变过程。毕竟，在生活中做出重大改变需要很大勇气。因此，“山梦”是对正在发生的转变的内在承认，为做梦者正在行进的旅程提供了一个象征性的声音。当你处于情绪或心理转变的过程中，尤其是当你

正在放弃一个长期存在的行为习惯时，改变往往会让你感到难以承受，甚至会让你感到情感上的威胁。比如，你对某事或某人非常狂热，但有一天你下定决心改变这一点，那么你就很可能做一个“山梦”，梦见一个陡峭的悬崖。

如果你放弃你的幸福，那么就如同行走在悬崖峭壁上一样险象环生、风险极高，因此你的梦通过陡峭的山向你传递了一个信息，提醒你需要鼓起勇气。梦会让你意识到观念的改变需要经历一些更好的事情，并提醒你不要放弃！这样一来，你每天都会做出更好的选择，让自己感觉更好。我有很多客户在试图突破家族的历史局限时，会做“山梦”。顾名思义，家族的历史局限这一问题在大多数情况下与你的血脉息息相关。例如，如果失败的婚姻在家族史上频频出现，那么这个家族的后辈们往往会将其视为家族的历史局限。无论是离婚、滥用药物、精神疾病，还是阻碍婚姻的其他因素，几代人的失败婚姻模式都可以追根溯源。家族的历史局限往往与代代相传的创伤密切相关。

想想你自己的家族。你的家人们是否总会遭遇相似的场景或情况？如果你的回答是肯定的，那么你很可能面对的是一种遗传性的观念。现在，请务必采取行动！

一个家族可能从前几代人开始，就严重地陷入了一种行事或生活的方式中，而后辈们可能一生都难以突破这一方式的局限。

后辈们之所以会梦见自己努力攀登高山，是因为他们正在试图改变整个家族都无法改变的事情。这是多么伟大的壮举呀！

也许，你的祖父母在山脚下扎营，而你的父母在半山腰止步不前。因此，你现在从这里开车上山（而不是徒步）。你的梦会提醒你把眼光放在前方的道路上，最终你会比你的祖辈走得更远！

爬一座真正的山需要很大的力气和决心，而爬一座隐喻性的山则需要更大的心力。去从未去过的地方，主动踏进未知的世界，无疑会产生一种焦虑的情绪。但这并不意味着你无法登顶，也不意味着你应该放弃！事实恰恰相反，你的梦告诉你的是，拥抱你的焦虑，继续攀登，继续前进。

当你梦见一座山的时候，你就踏上了一段精神上的耐力之旅。你不需要地图，因为你的梦就是一路指引你（通过浮现大量的意象符号）的雷达。在你的梦中不会有错误，你接受梦的方式也不会有错误。尽管“山梦”有时并不会令人感到愉悦，但它却是非常*必要*的梦境。

此外，“山梦”还能象征不同时期和不同版本的自我。山的底部可能代表过去的你和你的历史，半山腰可能代表了当下的你和你现在看到的自己，顶峰代表你会在未来实现的最高版本的自我。

“山梦”往往可以自行解决问题。有时，这种情况会发生在梦中（特别是当做梦者没有从梦中焦虑地醒来的时候）；在其他时候，这种情况会通过一系列重复性的梦境发生，但这些梦境每一次都略有不同。做梦者在现实生活中所经历的事情，以及他们为征服隐喻性的山所采取的积极举措，都会影响梦境的内容。无论是在生活中，还是在梦境中，做梦者都有可能登上山顶。

在现代的梦境中，与山相对应的物体有很多，比如摩天大楼、塔楼、电梯等。

梦境中的旷野：广阔的可能性

如果你在梦中发现自己身处一片广阔的风景之中，那么这意味着你所追寻的答案就在眼前，不存在任何视觉上的障碍。旷野是一个充满情感的地方。当许多人需要探索所处环境中的其他选择时，就会梦到旷野。做梦者仅需在旷野四处张望，就能重新发现大把的机会。旷野蕴藏着丰富的隐喻，做梦者可以在这里找到解决方案。

如果你发现自己在现实生活中，似乎只有一条出路或者一个答案，那么梦中的旷野会提醒你，你被自身的处境局限住了，你

需要打开视野，或者抽身而出，寻求帮助。旷野的意义在于体验你在梦中唤起的情绪。你当时位于旷野的什么位置？外围还是中心？如果你站在边缘，那么不妨问自己："我是在可能性的边缘吗？"如果你梦见自己走在一片杂草丛生的田野上，问问自己："在我的生命中，我需要清理些什么？"也许，你已经步入了一种与无限可能性产生共鸣的生活方式，并且正在通过你的夜间的梦证实这一点。

在现代的梦境中，与旷野相对应的物体有很多，比如运动场、公园、植物园、高尔夫球场等。

梦境中的房屋：情感上的爱、界限，以及基本的安全感

梦境中的房屋不仅是一个集体性的象征符号，还具有丰富的个人意义。在心理学上，作为梦的象征物之一，房屋既能代表做梦者的心理状态，也能反映做梦者的身体健康状况。也就是说，并不是所有的梦中的房屋都象征一个家。当我们使用"家"这个词时，我们所指的不仅仅是提供稳定和安全的建筑，更是一个充满爱、联系、温暖、滋养、舒适和平安的神圣之地，也是一个在这个世界上专属于你的独特之地，一个保护你免受外力

影响的庇护之地。家的四面墙代表着你与外部世界之间的清晰边界。

在做梦时，我们同时也在重建自己的记忆（我们的记忆不仅与我们的过往历史有关，也服务于我们当前的处境）。如果你在一个充满艰难困苦的空间中长大，那么你更需要关注内在的房屋（即你的心灵），这样你才能在生活中不受阻碍地继续前进。

正如你在本书中所看到的那样，你可以学习如何悦纳新的经历，你的梦将在这段旅程中引导你。你的心灵可以成为一个内在的圣地。在那里，你可以体验到爱、安全和幸福，接着在人际关系中发展。

如果你梦见旅馆之类的临时住所，那么请问问你自己："我是否找到了临时的栖身之所（可以是人、事、物、地点）？"你对梦境的情绪反应会让你明白你在现实生活中的选择是在帮助你还是在阻碍你。当然，如果酒店对你有很强的吸引力，而且你梦见了一家喜爱的酒店，那么你很可能会做一个舒适、放松甚至奢华的梦，而不是一个流离失所的梦。

你与梦中的集体性象征符号的个人联系会影响梦境信息的意义。房子还有一个更广泛的象征意义：容纳做梦者内心的情绪、观念和经历。房屋象征着一些原始的或基本的事物，反映做梦者与这些事物的关系，例如房屋里的布置，究竟是乱七八糟，

还是井井有条，还是奢华得令人难以置信？

房屋的其他形式还有医院、图书馆、商场、学校和教堂。医院是康复之所，图书馆是知识的宝库，学校是学问的殿堂，购物中心是采购的天地，教堂是礼拜的场所。通过自我反思和开放式的问题来进一步阐明你的梦境信息，探索你在梦中做了什么，以及你一路上的感受。你可能会问："这个地方教会了我什么？""这个地方与我所知道和所实际经历的有什么不同？""这个梦境和我所知道的又有什么相似之处？"最重要的是，新的梦境会给你带来新的体验吗（比如住在魔法城堡里）？如果你的确产生了新的体验，那么你该如何采取行动将这种新的感觉带入你的现实生活中呢？

与房屋相似的梦境象征符号有很多，比如寺庙、城堡、酒店、旅店和汽车旅馆等。

梦境中的水：情绪、无意识、灵魂和精神

你是否看到过一些因水源断流而形成的水坑？水坑中的水停滞不前，甚至开始发臭。只有流动的水源，才能保证水的品质。健康的情绪与之同理，如果你封闭自己的感觉，任凭事态在

表面之下不断恶化，那么你的情绪就会像死水一样腐坏。在这种情况下，你的梦会帮助你做出回应，让你的情绪再次流动起来，从而平衡你在现实生活中正在做或正在经历的事情。你可能会梦到水壶沸溢（愤怒），可能会梦到锅炉爆裂（需要哭一场），可能会梦到自己被激流卷入海底（遭遇不稳定的情绪或让你不知所措的人），还可能梦见不速之客闯入你的浴室（令人不安的脆弱性）。为了让你的内心生活再次“流动”起来，你的梦会竭尽所能。

水本质象征着生命的力量，滋养着每个生命，让我们保持活力。雨水可能会落在你的梦中，净化你正在应对的处境。你可能会梦见自己正在与一只海豚在水中畅游，也可能梦见自己正在舒适的浴缸里泡澡，也许梦中的一个人物会赠予你一剂福佑的灵药。在任何时候，水都能唤醒你内在的某种原始的情感，这证实了你与生俱来的能力，即你可以随着生命流动，在所有的情绪海域中漫游。水不仅仅象征着我们的情绪，还讲述着与创造和毁灭有关的主题。人们只需想到一片绿洲或一场海啸，就能理解水所蕴藏的巨大力量。

水是象征接纳和包容的圣餐杯，也是女性气质的体现。根据不同的条件，水可以流动、蒸发、凝结。在你的梦中，你会与水的这三种状态互动。请看看这些状态是如何仿效你在现实生活中的行为和情绪的。

与水相似的梦境象征符号有很多，比如雨、水池、湖泊、堤坝、浴缸、瀑布、海洋、水井等。

在你的梦境中航行

在现实生活中，我们通常需要乘坐某种交通工具才能抵达我们想去的目的地。但在梦中，我们往往能从一个梦境快速切换到下一个梦境。如果你能意识到自己只是出现在梦中的某个地方，那么仅仅是这一认识，就足够引发一场清醒梦。大多数人在一个晚上常常会梦见很多个地方，因此你有很多在梦中清醒的机会！在梦中，意识到自己如何到达一个地方是非常有帮助的，因为你能从中联系到你的个人成长经历，明白如何更加优雅地驾驭生活中的不同要素之间的变化。

翻翻你的梦境日记，看看你有多少次突然出现在梦境中的其他地点。再看看梦境中交接的地点是否含有重复性的主题。这些交接的地点往往极富个性化，因此对你来说是独一无二的。如果一个特别的人物总在你的梦中出现，或者你在梦中常常感到一种相似的感觉，那么你会主动改变梦中的场景吗？（比如你可能总是梦见自己先是出现在一个房子里，接着又突然出现在海

滩上。）

为了洞察你的梦，你需要全面地审视梦境中交接的地点。我将这种梦的体验比作阅读一个故事或观看一部电影——相互平行的故事情节编织在一个更加宏大的叙事中，最终合并在一起。这就如同所有的片段和章节都与一个故事或一个灵魂息息相关，共同描绘了一段伟大的旅程。梦境中交接的地点不仅能够帮助我们看到更加辽阔的画面，还能让我们明白这些画面是如何联系在一起的。

识别你是如何抵达梦境中的地点的，也大有益处，因为交通方式同样具有丰富的象征性意义。你可能会发现自己在梦中乘坐地铁、轮船、火车、出租车，或是步行或开车。每种交通方式都有着独特的差异，这种差异取决于"移动"的集体性象征。

你还可以留意交通工具的款式和舒适度。比如，车的款式究竟是常规的、花哨的、新潮的、复古的，还是破旧的？你乘坐的是公共交通吗？身边有没有其他乘客？单人的交通方式说明你要独自踏上旅程，而集体的交通方式可以表明你在群体中的位置，或者你对周围人群的感觉。

此外，常识也能在梦境中发挥作用。如果你常常乘坐地铁，那么当你梦见看到地铁时，这个梦很可能只是反映了你的日常生活。运用你的判断力，感受梦境中的准确内容。我对此的指导方

针是：没有任何绝对的指导方针！

列车是极具启发性的梦境象征符号。首先，列车固定在轨道上，朝一个固定的方向移动（这听起来是不是很像你、你的信仰，或是你的生活？）。其次，列车既可以在地下和地面穿梭，也可以通过隧道和检查站。此外，每趟列车都有一位保驾护航的列车长和一位指引前进的驾驶员。

如果梦见排出蒸汽的老式火车，那么这个梦准确地反映了做梦者正在释放紧张或愤怒的情绪。另外，如果你梦见在水面横渡的船只，那么这个梦则表明你正在情绪的表层航行。水是波涛汹涌的，还是波澜不惊的？换句话说，你的**真实**感受是怎样的？正如我在梦中想要成为生活的船长一样，你在自己的现实生活中究竟是做出决定的那个人，还是允许或希望由他人来控制的那个人？你是否活在顽固的本能和观念的影响之下？

梦中的交通工具向我们展示了如何适应我们无法避免的环境，从而在清醒的生活中采取最佳的行动。不要忘了确定你在梦中是处于上升还是下降的状态，是否经历了螺旋式的循环，有没有困在中间，进退两难。

各种交通工具，以及它们所代表的移动，都能向你展示你在人生的情感和精神之旅中“航行”的方式。记住，如果你不喜欢这个过程，请随时下车，选择另一条路！

练习1：为了更大的幸福，构想具体的梦境

你可以在梦境中构想寺庙、房屋或者洞穴。所有的场所都会欢迎你探索自己内心的“你是谁”的那一面。你可以在梦境中回到童年玩耍的地方，也可以发现一个新地方，这样一来，你就可以重新点燃灵感，体会心灵的宏大。

在现实生活中，你可能会发现，对特定的梦境展开冥想很有效果。这一做法可以帮助你重温良好的感觉。在你感到精疲力竭的时候，你可以冥想一个让你感到精神焕发的梦境。比如，你可以想象自己走进瀑布之下，任凭水流的冲刷，从而抚慰自己的感官；你也可以想象自己躺在美丽的草地之上，享受微风轻轻的吹拂。

这一练习的目的是充分体现你的体验。在这一过程中，你仅需跟随自己的内在视野，让它塑造你，而不用试图分析它。我的研讨会的大多数参与者都认为这一练习特别令人舒缓，也很具有启发性。只要你主动做这个练习，你的想象力就会很好地指引你前进。随着练习的熟练和深入，你会更加轻松地运用你的内在视野。这里有一个小诀窍：全身心地参与到这个过程中来，不要采用任何理智的、自我的、评判性的想法来遮蔽自己的内在视野。

练习2：和你的梦境一起做梦

你可能会发现，通过解析你的梦境信息，你早已经和自己的梦境一起合作一段时间了。然而，如果你想进一步探索自己的内心世界，那么你可以做以下的练习，从而获得更加深刻的见解。如果你是一个清醒梦者，你可以在梦中做这一练习。你仅需简单地遵循相同的过程。

做几次深呼吸，集中注意力。然后，闭上眼睛，想象一个梦境。让那些浮现在脑海里的画面自由发挥，尽量不要影响想象的过程。如果可以的话，暂停你的理性思维，只是简单地观察出现的画面。这个过程通常十分短暂（从30秒到3分钟不等）。结束后，你睁开眼睛，舒展身体。当你完成了上述过程，回忆第一幅映入你脑海中的画面，从那幅画面开始你的分析。第一幅画面往往是最准确和最生动的，你能从中了解从自己内心深处显现出来的信息。之后，你可以采用“接受—相信—澄清”释梦法进行分析。

练习3：使用日常梦重建梦境

这一练习的目的是帮助你把梦中所有看似不和谐的音符融

入一个崭新的、宏大的生活愿景之中。在你开始这个练习之前，挑选一个你想要研究的重复性梦境主题。比如，你可以主动选择一个与你未来目标和情绪健康相关的梦境主题，也可以根据你的感受挑选梦境主题。注意，尽量在不被打扰的时间和地点做这个练习。

当你准备就绪，找一个舒适的坐姿或者躺下来开始想象。根据梦境主题，在你的脑海中想象一个极具代表性的场景。你既可以重复做一个过去的梦，也可以重新做一个梦。完成这个练习所需要的核心要素就是梦的主题。

试着尽量去想象梦境的主题和体验。只有当梦的主题变得非常明显的时候，你才能想象出一个乐观、辉煌的结局，从而改变梦中的景象。你可以随心所欲地让梦境变得现实或迷幻，但要让图像在梦中有组织地出现，并引导它们向你选择的方向发展。

如果“受困”是你重复性的梦境主题之一，那么你就可以想象自己身处困境的场景，主动去感受受困所带来的不适感。接着，你可以想象一个最好的情况，让整个梦中景象发生变化。例如，你可能会梦见自己被困在地下室里，狭小的空间引发你的焦虑和幽闭恐惧症。惊慌失措的你突然想起随身携带的一把小刀！于是，你“咔嗒”一声撬开门锁，用尽全力将门推开，重获自由！然后，你爬上楼梯，走出房子。当你来到户外，你呼吸到了

新鲜的空气，感受阳光照在脸上的感觉。你看到一个开满玫瑰的花园。你走进玫瑰丛中，芬芳的鲜花一扫之前挥之不去的恐惧。突然，你灵光一现，决定买下这所房子，这样你就可以改造整所房屋，尤其是那间困住过你的地下室！之后，你将这所房子成功打造成了日式风格。你穿过了屋内传统的小空间（壁橱、食品储藏室、地下室），意识到这些地方开阔明亮，铺满阳光，闪耀着禅宗的精华。现在，你完全可以确定自己永远不会被困，因为整栋房子都是按照你的喜好重新设计的。多么美好的结果呀！你欣喜若狂！

这一练习的目的是通过运用你的想象力来修改你在现实生活中的梦境。你在清醒时的想象力对你的无意识过程、情绪和心理本能都能产生积极的影响。通过这一练习，你可以从外部对内在世界施加影响，从而使你的内在世界变得更好。在你改变了你的心理景观之后，重复性的梦境主题也很可能因此而改变。

第六章

向你梦中的形象敞开心扉

在你的生活和梦境中，你是否曾经有过这样的时刻：感觉到心灵中所有的窗户终于全部打开，新鲜的空气一股脑涌了进来？那一瞬间，**自由的灵感**“嗖”的一声穿过了你。那种触动正是你与内在自我瞬间结盟的感觉。在精神层面的自助中，用来解释“自我”的术语通常意味着与“至高自我”“内在自我”“内在神性”“灵性闪光”的接触。当你与自己的至高自我接触时，你会在同一时间感到有活力、轻松自在，以及精神焕发。这一过程也说明了为什么一些梦境导师和形而上学的老师总是教导人们以良好而正确的方式运用自己的意志、理解和意愿。也就是说，以一种强有力的方式讲述梦的故事（和现实生活的故事）。这是一种幸福和仁慈的方式，通过内在神性的火花引导灵魂，而不是通过自我欲望的“小镜头”（后一种方式往往过于夸大或过于狭隘）。

作为人类，我们倾向于陷入对自己不利的心态、问题和关系中，尤其容易陷入一种根深蒂固的关于自己和周围世界的思维方

式和感觉中。这会导致我们在看待生活时受困于一个有限和扭曲的镜头。因此，我们的梦通过夜间的故事和梦中出现的人物，重新唤醒我们内在的视角。

关于梦中的形象究竟是谁或是什么，通常有以下三种观点：

1.梦中的形象是你自己的心理投射，它们都代表了你的心灵的不同方面。其中，"黑影"这一梦境形象通常是噩梦的基本元素之一，反映出做梦者无意识的冲动、观念、情绪和驱动力。

2.所有的梦境形象都仅仅源于你的想象。

3.梦境形象是一种非物质的内核的一部分，因此我们是可以感知梦境形象的。

我认同第一和第三种观点，我不认为梦境形象仅仅是一种想象的形式。我本人有第一手的清醒梦经验，而且我从日常梦中获得了很多认识。这些经历非常复杂而深刻，不可能只是我想象的结果。我相信，当你深入探索自己的梦境体验时，你会有自己的判断。

你在梦中遇到的各种形象通常会显明你的方方面面——你的自我、你的故事，以及你在日常生活中的经历。例如，一个执着的或专横的梦境形象可以揭露你在现实生活中对应的行为和

观念。实际上，当你在分析自己的梦时，你是在从心理和直觉的层面认识自己的梦。你会看到梦境中的位置、象征符号、形象和行动是如何作为一个协作的整体为你提供指导的。

梦中形象传达给你的力量

当我们每晚与精神内核重新连接时，我们还可能梦到所爱的人、指引我们积极前进的形象和精神向导。他们会在我们痛苦或遭遇危机时，带给我们支持、安慰和平静。这些类型的梦境形象是通过他们传达给你的情感力量来区分的。

但是，你到底应该如何分辨梦中的形象是超自然的存在，还是你自己的思想和心理的投射呢？如果你已经可以做清醒梦了，那么你也可以让梦中的形象自行证明其身份。根据我个人和其他许多人的经验，正是这些梦中的形象留给你的感觉，唤醒了你内心深处的某种情绪，让你确定自己的感觉是真实的。不管是日常梦还是清醒梦，都能唤起你的共鸣。这些梦时常（但不总是）具有某种形式的与现实生活的共时性。

我的妈妈就曾在30多岁时做过一场梦，当时，无论是在那场梦中，还是在现实生活中，她都已经是一位已婚五六年的女士

了。在梦里，她站在一片开阔的田野里，没有特定的目的地。接着，她开始朝着眼前的一座小山丘走去。到达山顶时，她突然换上了一身婚纱。当她看到远处的她父亲时，一种宁静与平和的感觉涌上心头。父女俩互相挥手致意。过了一会儿，她从梦中醒来。几周后，她的父亲意外去世了。

我的母亲的梦具有丰富的象征性和预言性意义。在梦中，她出现在一片开阔的田野之中（充满可能性的地方），然后望见了一座小山丘。梦境中的小山丘与“山”一样，象征着精神力量和有利地位。在梦里，她向那座小山丘走去，并开始往上爬。在这里，你意识到“上升”的梦境主题再次出现了吗？抵达山顶时，她意识到自己穿着一套婚纱。结婚礼服是一种综合性的象征，也是生命周期和阶段开始的标志。这个梦通过“婚纱”和“小山丘”这两个象征符号告诉我们，婚姻是一种精神上的结合。我的母亲在梦中平静地看着她的父亲，这不仅反映了这是一个令人安慰的梦，也反映了父女在现实生活中的亲情和爱。在婚礼上，父亲往往会一路护送新娘。我不禁想到，我的母亲在梦中送别了她的父亲（回到灵界）。最后，父女俩互相挥手致意。醒来后，我的母亲一直无法摆脱梦中的情绪，进而认识到这场梦的重大意义。在她父亲去世之前，她没有机会和他亲口说声“再见”。但是，接下来的几个月里，这场梦给了她很大的安慰和解脱，帮助她熬过

了为父亲的意外之死而悲痛的时光。

虽然不是所有的梦都具有预言意义，但当一个预言性的梦出现时，你会感受到一定程度的严重性。我的一位朋友就曾有过这样的梦境经历。她在梦里回到了以前的高中，她的老师在黑板上写着什么，但她却很难读懂老师的板书。老师发现了这一点，于是让她在笔记本上写下“维生素B_{12}”。她醒来，努力回忆起了刚才的梦。

在清醒的生活中，我的朋友非常疲惫。这个梦促使她采取行动，检查自己体内的维生素B_{12}水平。最后，她发现自己极度缺乏维生素B_{12}，而她的疲惫很可能正是由此造成的。

当我问她为什么会因为一个普普通通的梦而行动时，她告诉我，梦中的那位高中老师是一位她在现实生活中非常欣赏和尊敬的人。而且，那位老师在过去对她的帮助不仅限于学校中的日常事务。她想，如果她的老师现在有话要对她说，那一定是很重要的话，所以她应该立刻听从老师的建议！

我们可以这么理解：那位梦中的人物，即她所敬爱的老师已经成为她心灵的一部分，以一种象征性的方式提醒她，她的健康出现了失衡。最终，我的朋友倾听和领悟了梦所传达的信息。她的梦帮助她在现实生活中变得更健康、更有活力。因此，我们可以看到这样的梦是非常有益的。

梦中所有的人物及其行动都能传达梦的信息。如果一个你深爱的人出现在你的梦中，那么请注意他做了什么，向你展示了什么，以及对你说了什么。想想你在现实生活中对他的感觉，然后与梦联系起来。比如说，如果有人在梦中对你大喊大叫，而这一行为与他们在现实生活中的表现大相径庭，那么就问问你自己是什么情况导致他们做出这样的举动。

关注你梦中的所有线索。如果你一直在现实生活中对危险信号视而不见，那么梦中的人很可能会冲着你大喊大叫，也有可能通过大喊大叫的方式告诉你如何释放自己的愤怒，那么你就会知道自己需要一个发泄的方式，或者认识到自己已经发泄过度了。当某些困难让你质疑自己的时候，梦中的人就可能会对你大喊大叫，让你不要轻易放弃心中的梦想。梦中的线索会推动你继续前进，这样你就有可能坚持下去，并取得胜利。

在梦中出现的人物往往是我们非常信任的人。我们与他们的纽带会让我们倾听到他们的声音，相信他们想要传达的信息。梦境向你传达的信息往往是有利于你的身心健康的；不过，梦的开端有时看起来会很怪异。但是，如果梦中的人物能为你带来如此深刻的见解，那么即使梦中的人物令你感到恐惧，那又算得了什么呢？

令人厌恶或恐惧的梦中形象

出现在不愉快的梦境中的形象可以代表你被自己所否认的一部分，以及你无意识接触到的心灵层面，其中包括你的性格、无意识的动机、过去的经历，甚至是你需要面对的不愉快和压抑的情绪。下面的这个梦可以证实这一点。

一个人梦见自己出现在一个陌生的活动上，周围人头攒动，非常热闹。当她穿过人群时，她感到很自在。她向许多相识的人点头示意。她走向前排座位，注意到前方有一个舞台。她挑选了一个好位置，急切地等待着演讲者的到来。但是，走上舞台的并不是演讲人，而是一个意想不到的女人。这个聒噪而唐突的女人像鸡一样“咯咯”直叫。她感到十分羞愧，因为她认识这个女人！一开始，观众们纷纷嘲笑舞台上的女人，但随后梦发生了变化，观众们同时也嘲笑起她来。过了一会儿，她就醒了。

以一个轻松的梦开始，又以羞愧告终。做梦者被迫面对这样一个事实：在梦中她意识到自己与那个女人有着千丝万缕的联系，以至于观众们一起嘲笑她们俩。在梦里，她感到羞愧，感到荒唐，感到屈辱。在现实生活中，这位做梦者经常因为说话刻薄和不合时宜而受到批评。事实上，她的许多段恋情正是因此戛然而止的。她总是把错误归结到分手的恋人身上，但实际上她才是

经常主动结束恋爱关系的人，而且她常常以极其刻薄的方式分手。她觉得梦里的观众们对自己太过于冷酷无情了（你看出这个梦的大致主题了吗？）。从表面上看，观众们看上去的确可能是在批判她。然而，她的梦告诉她，在这些观众的外在行为之下，隐藏着更深层次的信息。

上台的那个女人代表了做梦者的一个方面。也就是说，那位像鸡一样“咯咯”叫的女人是她自身的一部分，但她却不愿意承认这一点。不过，我们作为局外人，可以清楚地看到做梦者认识上台的女人，并且羞于将自己与她联系在一起。此外，她还无法忍受观众们对**她们俩**的嘲笑。在某种程度上，她知道自己就像这个女人，但她不想承认，甚至不想和这个女人有联系。于是，梦对她“咯咯”叫，告诉她：无论她接受与否，台上的女人都和她并无区别。我们甚至可以说，这个女人之所以夸夸其谈、喋喋不休，并非是因为她享受与他人的交际，而是因为她一心想要成为舞台的中心，博取人们的关注。虽然她的梦以一种令她难以接受的方式点醒她，但仍然十分有益。在领悟了梦中的智慧后，她开始努力培养对自己和他人的同理心，逐渐走出了愧疚和羞耻的心境。她不再一味地从他人那里寻求肯定和接受，而是开始自行证实自己的言行举止。后来，她大大改善了与他人的亲密关系，也感受到生活中有越来越多的人愿意给予她真诚的支持。

如果你对梦中人物产生了一种强烈的厌恶感，请继续深入挖掘，问问自己是否和他们有任何相似之处。每个人都有自己的盲点，这没什么好羞愧的！梦中的形象揭示了隐藏在心灵深处却积极影响着行为举止的因素。这些形象往往不易察觉、神秘莫测，甚至会令人不安，他们传达着无意识的动机和根深蒂固的观念。他们之所以以这种方式呈现自己，是为了让你处理他们，从而让你摆脱他们对你的控制。也就是说，令人恐惧或让人放下戒心的梦境形象也可以反映或评价一个你自愿参与的外部环境，或者那些吞没你的情绪。

以我的一位客户的梦为例，在梦中，她站在屋外的街道上。起初，她只是看着自己的房子，并没有多想什么。接着，她突然转过身来，抬头看到远方有一群披着黑色斗篷、戴着面纱的人虎视眈眈地盯着她。一开始，她只看到三个人。然后，她又看了看，发现实际上有五个吓人的身影，而且这群人准备靠近她。她开始感到害怕了，于是赶紧全身上下搜寻她的钥匙。但是，梦发展到了这一刻，她已经不再站在房子外面了，而是出现在了更远的地方。钥匙掉到了地上，她蹲下身去捡。等到起身的那一刻，她抬头看到一群暴徒将她团团围住。他们嚷着要和她一起回家！最后，她从恐惧中惊醒。

她细细一想，就明白了这个梦的意义。在清醒的生活中，社

交媒体几乎成了她的全部。实际上，她知道自己正处于上瘾的边缘，但她却又在放纵自己在社交媒体中越陷越深。用她自己的话来说，她对社交媒体的迷恋“就像眼睁睁看着一场在慢镜头下上演的车祸，却什么都做不了”。每当她对着屏幕一遍又一遍地刷新社交媒体主页时，她就越发感到焦虑。

在梦中，她没有进家（家象征着一个安全的地方），而是站在家门前的街道上（街道象征着众多社交媒体用户的公共空间）。这里的家有双重象征意义，不仅反映了她的心理状态，也代表着社交媒体应用程序中的“家”（大部分社交媒体应用程序都有自己的主页）[1]。就像布置房子一样，我们可以划分出招待客人的空间；反过来，我们也会被邀请到别人家里做客。

她站在家门（安全区）之外，但离街道很近。起初，她还觉得很安全。她只是站在那里，什么也不做，什么也没想。在现实生活中，正是在这种什么都不做的状态下，她会主动使用社交媒体来分散自己的注意力。

在她的眼里，那三个穿着黑色斗篷的人只是几个站在远处的路人，一开始看起来“还不错”，但之后他们变成了一种恐怖的威胁。这种情况引起了她的注意，她意识到自己一直在现实生活

1　主页在英语中正是“home page”。——译者注

中忽视自己的本能。她的身体发出信号，通过让她感受到威胁和焦虑来告诉她，有些事情是不对的。梦中的每个人都蒙上了面纱和斗篷，这象征着他们是她在现实生活中不熟悉的人，也可能象征着她不愿意正视的自己的某些方面（他们被隐藏在她的意识之外了）。

突然之间，她发现自己不再站在屋外了。也就是说，她出乎意料地走出了心理上的舒适区。我想几乎所有的人都有过这样的经历：在随机刷了20分钟的社交媒体后，感到心烦意乱、焦躁不安和无所适从。

她想起寻找房子的钥匙，这表明她想回到安全的地方。钥匙是强大的梦境符号，象征着打开空间的可能性，这个词本身意味着恩赐（这一点非常重要，需要格外注意）。她先是找到了钥匙，接着又将钥匙掉到了地上。这意味着她找到了摆脱困境的方法，但随后又放弃将其付诸行动。这个梦向她表明，她拥有改变自己的力量，但这种力量十分脆弱。她的意志力是展开行动的关键，但她却没有动力。突然，她看到一群蒙面的暴徒向她扑来，她赶紧蹲下身去捡钥匙。虽然她处于弱势，但由于找到了钥匙，所以她还拥有一些力量。最后，那群暴徒要求和她一起回家。

我的这位客户后来告诉我，她在梦里吓坏了，但暴徒们并没

有打算伤害她，真正让她害怕的是他们想要先行进入她的家。事实上，正是这个想法迫使她从噩梦中惊醒！在领悟了梦所传达的信息之后，她为了改善自己的身心健康，严格控制了自己使用社交媒体的时间。

如果你也发现自己在梦中看见了一些阴暗、蒙面、令人恐惧、咄咄逼人的人物形象，不妨问问自己：我与这个梦中人物有哪些相似之处？这个形象能反映我的感受吗？这个形象是在表达我男性化还是女性化的一面？这些梦中的人物之所以迫害我，是为了告诉我同样的事情正在我的现实生活中发生吗？

在你思考了这些问题之后，你就可以在生活中采取行动，进而获得幸福和积极的自我成长。只有直面这些令人不适的方面和情绪，我们才能发掘更深层次的意义，提升个人的成长。借助你的创造力，你可以应对梦境中感觉不清晰或难以接受的部分。也就是说，允许你的创造力将梦中的形象（或梦中的场景和象征符号）转化为其他你需要的事物，或者将它们更充分地带入你的自觉意识之中。比如，你可以参加一些艺术实践活动（诸如音乐、舞蹈、编织和陶艺等），这一方法适用于一些人，但不是所有人。对于那些仍然渴望更深层次探索的人来说，清醒梦是通往最终改变和个人成长的美妙之路。

读到这里，既然你已经理解了你的情绪、想法和直觉是如何

影响梦的了，那么你也就准备好探索清醒梦了。到目前为止，你所学到的一切都可以影响清醒梦的梦境，因此更深入地了解你自己的心灵会是你真正成为一个熟练的清醒梦者的关键一步。

第七章

清醒与睡眠之间的阈限空间

假眠状态

我想和你一起踏上一段通往清醒与睡眠之间地带的探险之旅。所以，请闭上眼睛，简单地想一会儿你即将入睡时的体验，就是那种在清醒和入眠状态之间反复徘徊的困倦感。在那一刻，你实际上正在穿越到意识的清醒和睡眠之间的阈限空间之中。从科学角度而言，这种意识的中间阶段被称为“假眠状态”。

在假眠状态中，你既没有完全醒着，也没有完全睡着。也就是说，你处在清醒和睡眠之间的悬崖上。随着这种状态的变化，你的感知也会发生改变。从词源学上讲，“假眠”这个词本身就具有“通向睡眠”的含义。假眠状态表明，在**清醒、睡眠和做梦之间的意识光谱**中，我们能够连续统一地主动体验自身的意识状态。

让我们用一个比喻来阐明这一意识光谱。想象一下，你站在一所房子的卧室里。你打开这间卧室的门，看到一条长长的走

廊。走廊的尽头是一扇通向另一间卧室的门。你离开第一间卧室，沿着走廊走下去，打开门，又走进第二间卧室。第一间卧室代表你的现实生活，长廊代表你的假眠状态，第二间卧室代表你的梦境生活。如果你能集中注意力从第一间卧室走进第二间卧室，那么你也就能有意识地从清醒现实走进梦境现实！

萨满教巫医经常通过这一练习追寻灵境，从而在灵境中获得清醒和灵性的帮助。这也是一个我喜欢在我的研讨会中指导参与者做的活动。如果你愿意，今晚可以试一试。下次你在床上即将入睡之前，请注意当你闭上眼睛时会出现什么。一开始你会看到一片黑暗，但随后你可能会惊讶地发现一些光斑、支离破碎的形状，以及四处漂移的波状曲线。你甚至还会听到一些声响。对于第一次尝试的人来说，这些画面和声音很有可能引起他们的惊恐。因此，提前了解这些现象只是你正在经历假眠状态的信号是很有帮助的。如果你感到害怕，可以移动你的身体，睁开你的眼睛，唤醒自己。不要强迫自己去做任何事情，简单地试着以一种相对超然和轻松的状态，观察正在发生的事情。如果你能在保持意识的同时，放松地进入这种状态，那么你就会开始注意到，这些形状和光斑会逐渐变成画面。这些画面通常起初是静止的，就像是挂在墙上的照片一样，但它们会随着时间的推移变成与现实生活相似的三维场景。接着，保持有意识的状态，你会逐渐从清

醒意识进入梦中意识。我想强调的是，在这种情况下，你不会像往常一样失去意识。这整个过程感觉就像是你自己走进了梦乡似的（如果你能保持足够时长的注意力）。

在假眠状态下，静态的画面会逐渐从平淡无奇、毫无变化变得栩栩如生。这就像房间里的人和家具围绕在你周围一样，你仅需把这本书放下，抬起头看看，就能立刻明白我的意思！

第一次假眠的经历完全震撼了我。当时，我闭上了眼睛，除了黑暗，什么也看不见。为了看到那些弯弯曲曲的线条、光斑和形状，我不得不耐心地等待着。在过去的练习中，我通常要么会因为无法保持清醒而入睡，要么会因为太过关注那些线条、光斑和形状而过于清醒，这让我感到很沮丧。一个星期后的一个晚上，我决定再来一次，但这次，我决定尝试集中精力培养一种轻松的感觉。于是，我想到了生活中美妙的点点滴滴，它们就像涓涓细流流淌过我。我还想到那些让我感觉良好、值得回忆的经历。后来，我逐渐进入到一个安静舒适的状态，整个身心都得到了放松。在一呼一吸之间，我感到越来越累，因此我重新开始了练习。就在那时，我又试着闭上眼睛，随之而来的是不可避免的黑暗。我放松下来，观察着长长的白色形状：它们一开始看起来像是歪歪扭扭的线条，后来又变成了长方形。我感觉自己又要昏昏睡去了，因此我再次对着这些画面集中注意力，但要比之前柔

和得多。(判断自己是否过度集中注意力的好方法是留意你的面部肌肉。你的脸处于紧绷状态吗？如果是的话，那你就是用力过猛了，试着放松一下。)

慢慢地，长长的白色形状逐渐形成了一幅画，看上去像是来自亨利·卢梭(Henri Rousseau)画展上的一幅作品，呈现了美丽的丛林风貌。我走上去，仔细看了看画面中的猴子和嫩绿色的树叶。突然之间，我感觉自己没有在看画，而*像是出现在了画里*。或者更准确地说，画中景色围绕着我，一只猴子站在我的身边。

这种感觉和我在现实生活中经历的事情一样真实。我简直没办法用文字来表达我当时的惊讶。我彻底惊醒了，而且在那之后的几个小时里一直都无法入眠。有趣的是，我第一次假眠时看到的竟然是猴子，这很可能象征着我当时的“猴子思维”[1]。

当时，尽管我在之前曾做过很多清醒梦，但我还没有真正领会“在意识中穿行”对我的信念系统的影响。这是因为在我第一次假眠前，我只会在完全入睡*之后*才能在梦中清醒。也就是说，过去的我通常头一沾到枕头，意识也就随即熄灭了。直到梦触发了我的意识，我才会意识到自己是在做梦。你有没有想起我在这

1　猴子思维指的是脑海中有过多的思虑和杂念，它们就像活蹦乱跳的猴子一样，从思维的一端跳跃到另一端，从不满足、永不停歇。——译者注

本书的引言中和你分享的例子？那位女士忽然发现自己站在路上，不记得自己是怎么来的，然后通过自我反省式的质问在梦中清醒：*我是怎么到这里的？之前我又在哪里？*

当我的意识积极主动地从清醒状态进入假眠状态，主动感受梦境的体验彻底震撼了我的世界！原因其实很简单，很多人往往都会认为现实生活与梦境生活是完全分开的，我之前也不例外。在现实生活中会发生真实的事情，而在梦境生活中会发生更加疯狂的事情。即使是在我的清醒梦中，我也总是先睡着，然后才在梦中清醒过来，这使我更加坚信现实生活与梦境生活是分开的。

一直以来，我都以为所有真实的事情都会发生在现实生活中，从而定义了真正的我。然而，这次在半睡半醒的假眠状态下保持清醒的经历彻底颠覆了我的观念，让我明白了这一观念只是我错误的幻觉。现在，我对假眠状态有了更多的经验，我明白它作为一种精神活动是多么重要。如果你能在这个精神活动中积累丰富的经验，那么你就能够充分利用你的梦。在此基础上，你就能轻松地获得更多精神上的指引和协助。我们将在接下来的章节中全面探讨如何做到这一点。

在大多数情况下，在做日常梦时，梦中的你会是你认为的那个你。梦中的自我会是你所认同的那个人。只有醒来时，你才会意识到自己在做梦。在做日常梦时，大多数人都意识不到清醒的

自我，因此我们就成为梦里的自我。你是否曾梦见自己成为不同种族或不同性别的人？但无论如何，你在梦里都坚信自己就是那个人。直到你醒来后，才意识到事实并非如此。这样的梦从根本上改变了人们对身份的观念，向我们强调了人类与生俱来的一体性。

我们的现实生活和梦境生活并不是真正分开的，意识也同样不是分裂的。但是，我们的感知常常会因为不同事物的影响而分裂，比如因为我们的感觉、经历，以及接受的教育等。

这就像你看中了一辆别致的汽车后，会发现大街上随处可见与其款式相同的车。你的感知就像一束激光，集中照射在你所关注的地方。这是因为你在认知上已经让自己一遍又一遍地留意同一件事，而**屏蔽任何其他的信息**。身份也是如此。我们如此重视各式各样的身份标签（比如种族、性别、阶级等），而实际上，我们并不仅仅等同于我们的肉体和其他与肉体有关的一切。这同样适用于我们认为的所谓的“现实”与“梦境”。

清醒意识和梦境意识都不是全部。我们通过自己的意识来感知事物，从而在不同层次的意识之间保持平静，但意识根本上与我们的肉眼和身体无关。作为实现自我的重要因素，视角和意识的感知是很奇妙的。在梦中的自我和清醒的自我之外，你是谁？你想体验哪一层次的意识？本章最后的自由写作练习将帮

助你开始更加深入地探索这一概念。

朦胧状态

现在，如果你能让你的意识从清醒状态进入梦境状态，那么你能让它再从梦境状态回到清醒状态吗？答案是肯定的！朦胧状态与假眠状态类似，但却以相反的方式形成。

回到之前走廊与两间卧室的隐喻，第一间卧室是你清醒时的现实生活，第二间卧室是你的梦境，而走廊就是朦胧状态。你在第二间卧室，接着打开了通往走廊的门，穿过走廊，回到第一间卧室。

在做梦的过程中，朦胧状态经常被忽视，因为现在大多数人很少会花时间去感受苏醒的过程。然而，如果你能培养对朦胧状态的意识，你的创造力就会随之增加，你也就能更好地回忆自己的梦。此外，你还能够在“一瞬间”洞察到有用的信息。这就像一个顿悟的时刻！或者，我称之为“啊哈时刻”。

顿悟通常与你刚刚经历的梦有关，它们能启示你如何解决一直在困扰着你的难题。在很多时候，顿悟只有一句话的内容，因此很好记忆。比如说，我准备睡觉时，一直在为是否应该放弃一

个我在现实生活中一直努力实现的目标而感到焦虑。我想实现我的目标，但我的行动却太慢了，并且在此之前我没有任何成功的经历。一觉醒来，我有了一个“啊哈时刻”：“只有傻瓜才会在接近终点线的时候放弃！”我利用这一顿悟一鼓作气，向前推进。几周后，我实现了我的目标。其他时候，这些朦胧状态下的“啊哈时刻”像是你在脑海中听到的一种无形的声音（与你自己的声音完全不同）。

我有一位客户就在梦醒后听从了“啊哈时刻”的建议：“不要签署协议。”当时，她正在筹划将自己的公司与另一家公司合并，一切似乎都已准备就绪，但在顿悟中醒来后，她却无法摆脱自己应该听从这一建议的感觉。从理性的角度来看，这笔交易非常具有前景，会让她成为一个富有的女人，就这一点来看，不去签署协议是完全没有道理的。但是，后来她还是决定推迟了签署协议的时间。三周后，她的那位潜在的合作伙伴卷入了一场法律诉讼。倘若当初立即合并公司，她的品牌形象就会严重受损，生意也会受到波及。如此看来，她在朦胧状态下得到的顿悟真的拯救了她。

以上只是“啊哈时刻”的两个例子。我在生活中学会了敏锐地察觉梦中的顿悟。有些顿悟就像那位女老板的经历一样，会对生活产生戏剧性的巨大影响。还有一些顿悟仅仅是你内心纠结

的写照，以及对梦境的总结（尤其是刚刚经历的真正值得记住的梦）。在这些方面，梦中的顿悟都很有益处！

一个自由写作练习：发现“我是……”

你是相信自己是意识的一部分，还是相信自己只是体验到了意识？这是一个宏大的问题，我希望你花一些时间来思考这一问题对你的意义。如果你能在梦中控制自己的行为，那么是谁或者是什么在控制着整个梦境呢？下面的练习旨在帮助你探索这些宏大问题的答案。

练习前的准备工作：

一个笔记本和一支笔

一个不会被打扰的时间和地点

练习：

以“我是……”的句式开始写作。

自由写作的理念是，想到什么就写什么。无须担心语法是否正确、书写是否整洁，就一直这么写下去，直到你觉得你已经写完了对自己的描述。我曾做过两次这种写作练习，一次大约花了一个小时，还有一次大约花了十分钟。花费的时间无关紧要，重要的是你努力穷尽了所有的“我是……”。如果你觉得自己是一个喜欢自我批评的人或妄自尊大的人，那么这一写作练习适合你多次尝试。

下面是一些例子：

我是在自我体验的意识

我是在自我表达的精神

我是一个儿子

我是一个男人

我是一个女人

我是一条生命

我是一个倡导和平的积极分子

我是一个工程师/母亲/朋友/情人/妻子

完成这一练习后，再从头阅读，划掉你认为自己在以后可能

会改变的描述，比如职位、头发颜色等任何你可能会失去或会随着时间改变的身份标签。当你这样做的时候，会发生两件事：第一，你会更加了解“我是……”的观念（无论是好是坏）；第二，你会深入了解自己的哪些观念是永久性的，哪些观念是暂时性的。

第八章

自主的梦

经历了一系列的事情之后，我和我的丈夫感到筋疲力尽，于是决定去度假。我们在一个海滨小镇订了一间度假公寓，期待着真正的休息和放松。这是一个风景如画的好地方，拥有白色的沙滩和蓝绿色的海。

随着潮起潮落，大海掀起了一层又一层的波浪。潮汐的声音开始舒缓我们的压力。海滨公寓对于我们来说是如此地完美，不仅安静舒适，而且有我们所需要的一切。我们非常满足，沉浸在安逸之中。然而，新邻居的到来彻底打破了一切。

贾斯廷（Justin）和阿曼达（Amanda）都是很好的人，但他们的确很吵。这与我们设想的“禅宗假期”大相径庭。有一天，在他们连续三次唱了同一首歌后，我们明白需要上门和他们说点什么了。最终，我们鼓起勇气，礼貌地向新邻居表达了我们的烦恼。他们似乎很惊讶，压根不知道自己的声音有那么大。之后，他们稍稍降低了音量，我们也努力不去关注噪声的干扰。但是，即使这样，我们仍然觉得很吵。在接下来的假期中，我们尽可能

多地享受快乐和睡眠，积极地包容着隔壁发出的每一个不和谐的音符。就这样，假期在不知不觉之间就结束了，我们也回到了家，如火如荼地开始了日常的生活。

一天晚上，我在熟睡后，梦见自己正在参加一个工作会议，中途突然听到贾斯廷的歌声。于是，我在梦中喃喃自语："贾斯廷，该死的，你为什么非要这么吵？"事实证明，我在梦中喜欢像一个喝醉的水手一样骂人。现在，在你可能把我的咒骂分析为我现实生活中压抑的情绪之前，请让我来推翻你的判断。更有可能的真相是，我当时是在清醒的现实中咒骂的。

现在，让我们回到贾斯廷。

"贾斯廷，你在这里干什么，你为什么非要这么吵？！"我对贾斯廷的恼怒一直跟随我进入梦境。我的假期明明已经过去，我也离开了那间租住的公寓，回到了家。贾斯廷不可能还会出现。所以，我一定是在做梦。这是一个梦。我在做梦。别对贾斯廷大喊大叫了。

每一个清醒梦都是从你完全意识到你在做梦的那一刻开始的。事实上，这正是清醒梦的定义。当我想到贾斯廷不可能参加我的工作会议的那一刻，我就立刻意识到自己正在做梦了。然后，我以一种极其令人意想不到的意识水平继续探索我的梦，积极地在梦中延长清醒的时间。

这次经历之后，我经常在梦中听到一个很像贾斯廷的声音，就像机场的广播一样："嘿，雅典娜。又是我，贾斯廷。最近过得怎么样？"有一些时候，我会梦见自己拐进一条名为"贾斯廷"的陌生街道；还有一些时候，梦中的人会和我提起"贾斯廷"这个名字。这些情节都可以让我在梦中清醒。

我很喜欢"自主的梦"这个词，因为它包含了我们对自身的多种体验。无论是醒着还是睡着，我们都在做着自主的梦，而你就是一个自主的做梦者！

通过我的关于贾斯廷的梦境经历与其他客户的梦，我相信每个人都有非常希望自己能够变得清醒的一部分，只要想想你有多少次梦到了看起来很奇怪或不合时宜的事件，你就能明白这一点。也许，这些事情都是梦的标志，它们吵着让你在梦中"清醒"过来。换句话说，**这些事情都是你的私人版本的"贾斯廷"**。

当你继续进一步阅读本书，你会发现我已经描述了许多不同的过程和技巧，你可以通过练习来使自己在梦中清醒。每个人都可以有清醒梦，你自然也不会是例外！当你刚刚开始尝试的时候，努力和毅力是必不可少的。选择一些技巧，不断地尝试，直到你经历了第一个清醒梦，或者更频繁地经历清醒梦。

增强自我反思的能力可以引发清醒梦

批判性的自我反思帮助我引发了很多清醒梦。在我刚刚向你描述的梦里，我问了自己："贾斯廷为什么会出现在我的工作会议上？"我的大脑试图对这一梦境做出合理的解释。直到我意识到贾斯廷根本不可能出现的时候，我才明白我是在做梦。自我反思式的提问是我引发清醒梦的关键步骤。

我的梦也体现了引发清醒梦的著名方法——"梦中知梦"。在现实生活中，你越专注，越有自我意识，就越容易在梦中使用这一方法。这不仅是我个人的经验，我的许多客户也曾有过同样的经验。如果你能在梦中充分质疑你的现实，那么你就能在梦中清醒。

值得一提的是，冥想可以帮助你培养这种意识。在冥想中，你开始成为一位观察者，简单地审视内心正在发生的事情。你练习观察自己的意识流的次数越多，就越能不受意识流的摆布。定期的冥想最终会在刺激和反应之间开拓出一个更广阔的空间。在这一片阈限空间之中，自我反思的作用会更加突出。因此，你需要积极地开拓这一空间，这样你就可以在梦中唤醒自己。

举一个日常生活中的实例：面对同事刻薄的批评时，你与其做出反应，不如不采取任何行动，进入刺激和反应之间的阈

限空间，审视你心中正在发生的事情。也许，你一开始只是看到一些反应性的想法："她到底是有什么毛病？""她以为她是谁？""为什么人们总是欺负我？"接着，你会继续观察自己的感觉和身体的反应："我很生气，也感到很恶心。"当你觉得自己的内在空间已经足够开阔的时候，你就能主动选择自己的回应方式："和她吵架对我没有任何帮助。我可以选择精心维护我的个人边界。她的行为与我的反应无关。不必在意她了，我将继续前进。"

正如上述的例子一样，日常生活中的很多场景都能成为锻炼自我意识和增强能力的绝佳机会。这是一种在清醒状态下的冥想活动，你可以随时进行练习。你只需将所有的注意力集中在自己当前所处的场景或时刻即可。

首先，把你的全部注意力放在你正在经历的事情上；然后，问自己一些旨在提高自我意识的反思式问题："我看到了什么？""我听到了什么声音？""我闻到了什么味道？""我的身体感觉如何？"接着，简单地观察和见证脑海里的思绪——"我在想什么？"你下意识的反应与你的思想、外在感受息息相关，始终留意它们，并问自己："我如何应对这种情况？"

之所以问自己这些反思式的问题，是为了帮助你腾出一段客观的距离，并提高你有意识地对当下现实做出反应的能力。只有

拓展刺激和反应之间的阈限空间，你才能有更多的选择来决定自己**如何做出反应**。

这种做法的好处之一是，你会意识到你通常会如何思考和感受，以及你的行为结果是如何产生的。最终，这种做法能帮助你改变那些不再对你有益的东西，从而让你获得良好的感觉，并生活得更好。在个人成长之路上，这一练习无疑是最具解放性的方式之一。

就梦而言，这一练习同样具有解放性，因为它能够增强你的意识，帮助你更容易地识别梦境中看似不合理的事物，从而让你在梦中清醒。比如说，你梦见办公室里有一只猴子，接着你通过自我反思意识到，你甚至根本就不在办公室里工作，更不用说那只猴子了。最终，你会明白自己是在做梦。还有的时候，你可能会梦见已经去世的人，从而识别出那是梦中浮现的一段记忆。自我意识不仅仅是成为清醒梦者（和培养现实生活中的清醒意识）的条件之一，还是一种必需品和目标。

德国的马克斯-普朗克精神病学研究所（Max Planck Institute of Psychiatry）曾做过一项有趣的实验，研究人们在做日常梦和清醒梦的过程中，大脑的哪些部分会处于活跃状态。科学家团队利用磁共振成像技术，标记两组参与者在清醒梦和日常梦的状态下的脑部活跃区域。在对比后，他们发现当参与者在梦中清醒时，特

定的大脑皮层和相应的脑区（如前额叶皮层和楔前叶）会更加活跃。根据这些神经系统科学家的说法，大脑中的这些区域与自我评价、自我感知（即通过自我反思获得元认知[1]）、评价自己的想法和感觉的能力密切相关。这一开创性的研究首次展示了在有意识的梦境状态下的神经网络，证实了自我反思与清醒梦的联系。

通往清醒梦的多种途径

当你通过拓展刺激和反应之间的阈限空间来增强自我反思能力时，你还可以同时练习多种其他方法，增加经历清醒梦的概率。为了方便起见，我会列出几种方法。这些方法是基于科学研究的创造性成果，并且对我和众多清醒梦者都很有效。

检查现实1：我是在梦里吗？

在一天中，如果你想要有意识地核实自己是否处在清醒状

1 元认知（meta-cognition）：是指个体对自己认知活动的认知，反映出个体对自己认知活动的自我意识、自我调节和自我监控，证明了个体的自我能动性。——编者注

态，那么你需要问自己："我是在梦里吗？"例如，你可以在每次吃饭前或者每个整点时刻问自己："这是一场梦吗？"久而久之，当你真的在做梦时，同样的问题就会本能地出现在你的脑海中。你的答案会是："是的！我正在做梦！"

我的很多客户都发现这种方法非常奏效。不过，在我生命中的某个阶段，在我试图重新获得清醒梦能力的三个月中，这一方法并没有对我奏效。我说这话并不是为了让你感到沮丧，而是为了告诉你：成为一个清醒梦者实际上是一个不断积攒经验的过程。你很可能需要尝试很多种不同的方法，直到找到其中一种最适合你的方法。因此，如果你的努力没有获得预期的回报，请不要放弃！继续练习，学会享受这一过程。

检查现实2：你是在用第一人称还是第三人称体验生活？

对我来说，这一方法真的帮助我做了很多清醒梦。你有没有做过这样的梦，感觉自己就像是在看电影？实际上，这种体验正是在第三人称的视角下发生的。换句话说，当你意识到你正在从空中或远处观察自己与他人的互动时，你就能确定自己在做梦。

在日常生活中，除非我们观看自己的视频或看到镜子中的自己，否则我们无法看到完整的自己。因此，如果你开始频繁地关

注你是如何感知这个世界的，那么你就可以将这种专注力带入你的梦境意识，从而在梦中清醒。在一天中，你可以多次问自己：“我是在用第一人称体验生活吗？”

请注意，虽然这个方法和其他许多方法一样，都是针对那些拥有视觉能力的人，但它并不仅仅只涉及视觉能力，还包括质疑你如何感知和理解自己在白天和晚上接收到的信息的能力。每个人都通过多种感官体验生活，与所有的感官协调一致可以帮助我们提高自我意识，更有利于我们在梦中清醒。

研究表明，盲人在某些情况下也会经历基于视觉能力的梦。具体而言，做梦者是在七岁之后还是在七岁之前失明，还是天生失明，都会对做梦的能力产生不同的影响。据我所知，到目前为止，还没有任何科学研究证明盲人真的能做清醒梦。我的直觉告诉我，清醒梦与我们如何体验意识密切相关，而视觉并不一定是清醒梦的先决条件。亲爱的读者们，也许就在你们当中，有人认识能做清醒梦的盲人。

检查现实3：你长得像你自己吗？

这是另一个可以在现实生活中练习的方法。每当你看到镜子中的自己时，花几分钟的时间，专注地观察自己的真实模样。

我的一些客户们发现，当他们能够对突然冒出来的批判性想法保持沉默或不以为然时，这一检查现实的方法最为奏效。如果你对自己的外表非常挑剔，你可能需要换用另一个检查现实的方法。

通常来说，梦中的自己看起来和现实的自己并不完全相同。你在梦中看到的自己可能仍然与你很相似，但会有些许不同，比如头发颜色和身高的改变。还有的时候，你可能会梦见看起来完全不同的自己。比如，一位娇小的女士可能会在梦里成为身高一米八几的壮汉。所有这些检查现实的方法只有一个目的，那就是激发你的自我反思意识。

检查现实4：看看你的手

在一天中，你可以时不时伸出自己的双手，仔细地观察它们。梦里的手看起来可能会与真实的手有很大的出入。只要你能在梦里识别出手部的不同之处，那么就能触发清醒梦。在梦中，你还可以用一根手指戳一戳桌面或者另一只手的手掌，进一步检查现实。如果你的手指能直接穿过物体，那么你可能会意识到自己正在做梦。

醒来，再入睡

如果你不介意打断自己完整的睡眠，那么“醒来，再入睡”是最简单和最有效的方法之一。这个方法的优势在于它真的很简单！只需要比平常早醒几个小时，然后积极地保持一小时的清醒，最后再重新入睡。我的许多客户都采用了这种方法，他们通常会把闹钟定在早上的5:30。这样一来，他们能有足够的时间来经历一个清醒梦，然后准备开始新的一天。

斯蒂芬·拉伯奇博士的记忆触发法

斯蒂芬·拉伯奇（Stephen LaBerge）博士的记忆触发法利用记忆、意愿和想象来帮助你实现清醒梦。接下来，我将概述这个方法涉及的四个步骤，以便你能尝试多种方法。

第一步是回忆你的梦。如果你不能回忆起自己做过的梦，那么你也就不太可能记得你是否做过清醒梦。所以我们要尽可能多地回忆梦境，使之成为一种习惯。如果你想在第一时间回顾梦境，仅需在清醒后继续躺在床上，在脑海中回放你刚刚的梦。在这一过程中，你的大脑会将你的梦储存到记忆之中。起床后，你

再将自己的梦记录下来。在你能够很容易地回忆起梦境后，就可以继续下一步。

第二步是在一天中有意识地检查现实，比如问自己“我是在做梦吗”，只要尽可能多地检查现实即可。

第三步是在你躺在床上准备睡觉的过程中，对自己说一些积极肯定的话，比如“我是一个自主的清醒梦者”或“今晚我将做一个清醒的梦”。我个人比较喜欢对自己说“做清醒梦对我来说真的很容易”和“清醒梦对我来说总能自然而然地轻易发生”。这一步骤的核心是，你在说出这些句子的时候，需要全身心地相信它们，并且陈述它们。

第四步是在一个你记住的梦的基础上展开想象。重要的一点是，你要让自己在这一过程中处于深度放松的状态。接着，根据一个你近期做过的愉快的梦，尽可能生动地想象自己的梦境。在想象的梦境浮现后，先让梦继续发展一会儿，接着找到你正在做梦的迹象。通过积极地发现这些迹象或检查现实，接收到“你正在做梦”的信号。也许，你会在梦中注意到一个陌生的人、地方或物体。当你注意到这些异样时，对自己说：“这是一个梦！”，从而有目的地在梦中变得清醒。

记住，以上所有的步骤都发生在你真正入睡之前。这是一种类似彩排的方法——以你曾经经历过的真实梦境为基础，生动地

创造出一场清醒梦。

接着，想象你在梦境中变得清醒。你想做什么？你可以想象自己在飞翔，也可以简单地修改梦中的其他关键内容，一切都完全由你决定。在这个过程中，你可能会睡着，但这是完全没有问题的。

记忆触发法的重点仅仅是，你在入睡之前脑海里的最后一个想法是做一个清醒梦。通常情况下，你会在当夜的晚些时候做一个真正的清醒梦。但是，如果没有效果，也不要气馁，继续练习，直到清醒梦的出现。

在短暂的午休中体验梦境

西班牙超现实主义画家萨尔瓦多·达利（Salvador Dalí）在《技艺出神入化的50个秘密》（*50 Secrets of Magic Craftsmanship*）一书中，畅谈了清醒与睡眠之间的状态对创作力的诸多好处。事实上，他认为如果没有在假眠与朦胧状态下的所见所闻，就没有他笔下的许多艺术形象。达利几乎是将这本书当作一本“指南”来进行写作的，目的是为了给那些想要利用睡眠和梦境创作的艺术家们提供方法和帮助。

如今，我知道午睡对于很多人来说简直是一种奢侈。但是，如果你想要探索和提高自己的创造力，那么不妨抽出一些时间来练习达利所发明的“钥匙睡眠法”。我想，你很可能会收获甜蜜的惊喜！

按照达利本人的说法，你需要准备一把细窄的皮椅（最好是西班牙风格的手工椅）、一把沉甸甸的钥匙和一个盘子。你要先把盘子倒过来扣在地板上，然后倚坐在皮椅上。如果你没有一把不舒服的西班牙椅，也没有关系，用你自己的椅子就好！入座后，用左手的食指和拇指轻轻地捏住那把钥匙，悬在盘子的上方。这一练习的要点是只能睡着一小会儿，达利对此表示：“任何超过一分钟的事情甚至都可能太长了！”

这就是为什么要轻轻捏住钥匙的原因：只要你刚一入睡，钥匙就会从你手中坠落，砸在盘子上的声响会让你突然惊醒。达利的解释是，一到两分钟的睡眠就足以激发你的内在创作本能。

在回忆睡着时看到的意象时，你应该不顾任何逻辑思维的束缚（尤其需要摆脱“如何创作”的想法的束缚），直接根据你在睡眠中的体验立刻开始创作。

我很喜欢达利的钥匙睡眠法。首先，为自己的创作和梦专门抽出一段专注的时间是很不错的，这一做法表明了你对内心世界的尊重。从心理学的角度来说，这一做法给你提供了一个主动探

索自己内在心理过程的机会。因此，通过每天的午休，你能够丰富自己的本能生活和精神生活。其次，这一方法非常具有戏剧性，因为当你被粗暴地唤醒时，你很难不会记得梦中的意象！这本身就有助于你增加对梦的记忆。如果你真的能在一把不舒服的椅子上睡着，那你就真的能自称为能够适应各种廉价交通方式的“睡眠专家”了。最后，或许也是最重要的一点，这一方法可以增强你的创造力，让你能够在一个过于严肃的世界里欢乐玩耍。

通过情绪上的专注稳定你的清醒梦

当你第一次在梦中清醒时，那种觉醒的美妙和纯粹的兴奋会让你从睡眠中惊醒。说起我从清醒梦中苏醒的次数，我简直数不过来，因为我常常在梦里意识到自己在做梦而太过兴奋，最终苏醒。当我们刚刚踏上清醒梦的旅程时，我的这种经历是很常见的。因此，不必对此感到沮丧。在尝试自主做梦的过程中，练习在梦中迅速控制自己的情绪是很重要的。只有在梦中保持冷静和稳定的情绪状态，你才能最大限度地延长梦境的时间，进而从中受益。你可以在现实生活中的每一天（甚至每一刻）关注自己

的情绪。这是一种行之有效的情绪调节方法。如果你在现实生活中善于调节情绪，那么你同样可以把这种技巧运用到你的梦境中。这样一来，当你在梦中清醒后，你也可以保持平静。你在现实生活中越关注自己的情绪和想法，你就越不容易受到它们的影响，最终你就能在梦境中对它们做出必要的改变。

正念练习：关注你的双脚

把你的注意力完全集中在双脚上是一个很好的正念练习，它可以帮助你在清醒梦中保持冷静。我建议你在醒着和做梦的时候都要偶尔进行这一练习（尤其是当你觉得外部环境开始影响你的情绪的时候）。

实际上，这个练习十分简单——在一天的任意时间里，有意识地把注意力集中在自己的脚上，体会双脚着地或脚穿在鞋里的感觉。你感觉舒适吗？你的脚僵硬吗？你的十根脚趾感觉如何？它们是热的还是冷的？移动一下双脚，体会新的身体感觉。只要有必要，练习就可以一直继续下去。这一练习会让你将注意力全部转移到自己的脚上，从而简化你的意识和提高你的专注度。在这一过程中，你会有意识地控制自己的注意力，打断正在

自动运转的思维和你正在体验的情绪。当我按照自己的日常习惯做事的时候（比如排队、堵车、做饭、看电视、喝咖啡时），我就会做这个练习，每天至少做12次。我发现正念练习真的帮助我重新找回了将注意力集中于当下的思维和情绪的能力。

当我在梦中清醒时，我同样能迅速地将注意力集中在我的脚上，从而防止兴奋感打断我的梦。如果你能在现实生活中养成正念的习惯，那么你就会发现在梦中实现正念变得十分容易。因此，当你因为在梦中清醒而兴奋不已时，不妨试着迅速将注意力集中在自己的脚上，从而稳定你在梦中的情绪，防止自己醒来。

正念练习还有另一个好处：当你在梦中关注自己身体的同时，你也在集中自己的注意力；这样一来，你的梦境就会越来越稳固。有一些清醒梦者甚至会将正念练习向前推进一步：通过在梦中大喊“稳定梦境”来稳固自己的梦境！这个方法对很多人都很有效，也包括我自己。如果你是一个清醒梦的初学者，不妨一试。

第九章

我清醒了，接下来该做什么

我曾做过一个梦，虽然梦里的细节已经模糊了，但梦中的感觉依旧很清晰——我很紧张。我之所以有这样的感觉，是因为我在梦中正以惊人的速度从空中自由落体。在我继续下坠的过程中，我看到眼前有一排云，我穿过它们。一种难受的感觉随之而来——这些云是那么寒冷，我感到刺骨的冰凉。我讨厌这种感觉，而且我非常清楚当我撞到地面后，会有多么疼。尽管我很抗拒白云和淡蓝色的天空，但它们仍然生动地吸引着我的视线。在自由落体过程中，快速移动的画面让我感到恶心，于是我闭上眼睛，把头扭到一边。忽然，一个能拯救生命的问题主宰了我“超负荷”的感官：“我究竟是什么时候从飞机上跳下来的？”紧接着，另一个问题出现了：“这到底是怎么发生的？”“噔”的一声，我脑中好像有一个电灯泡突然亮了起来。我茅塞顿开，确定了自己正在做梦。在短短的几秒钟内，我对自由落体的焦虑和对落地的恐惧，变成了在清醒梦中飞翔的积极和从容。我在云中飞行，那些云依旧让我感到寒冷，但我反而觉得很有趣，因为我知道自

己在自主地做梦。这种体验真的让人难以置信！清醒梦中的感觉非常真实，做的清醒梦越多，你就越能亲身体验到这一点。后来，我决定停止飞行，降落到下面未知的梦境中。在这个清醒梦中，着陆的想法完全能够实现。我远远地望见了我的兄弟。在清醒的生活中，我和他生活在不同的国家，因此我很难用语言来表达见到他时的高兴。我在空中挥手，试图吸引他的注意。由于我的兴奋，我在无意中惊醒了自己。

随着你体验清醒梦的次数越来越多，你会发现在梦境中长时间保持情绪上的专注对自主做梦过程影响很大。也就是说，你的清醒梦和你的意愿一样是毫无限制的。那么你想在你的清醒梦中经历什么呢？想在空中飞翔吗？想在水下呼吸吗？想要回到过去吗？那就去做吧！想知道下一个正确的行动是什么吗？那就去问问你的梦境吧！完成了所有有意思的事情后，你甚至还可以深入挖掘，发现你为什么会出现在这里，追问你的灵魂目的是什么，或是求见你自己的向导。清醒梦的可能性是无穷无尽的。

有不少清醒梦的初学者会问我清醒梦是否就像虚拟现实，我的回答永远是否定的。在虚拟现实中，你只能看到非常逼真的事物，但却无法切身感受到它们。例如，你可以在虚拟现实中探索意大利，但你永远品尝不到当地冰淇淋的风味。多么令人失望啊！在我看来，如此扫兴的虚拟现实还有什么意义呢？然而，在

清醒梦中，你不仅可以亲临意大利，还可以亲口品尝到当地的冰淇淋。那会带给你真实的味觉感受，毫无疑问，一定是美味的！

清醒梦就像清醒时的真实生活，但清醒梦有一套不同的自然法则来决定你的体验。在梦中，你可以通过自己的思想意志让清醒梦境成为一种现实，并且与之互动。比如说，你仅需要带着治愈的意愿，就可以通过手指在你身体上的简单移动来疗伤。你也可以在空中飞行，在水下呼吸。事实上，如果你能梦见自己在水下呼吸，那么这意味着你越来越擅长做清醒梦了，因为在梦里的并不是你的肉身，而是生命活力的精髓。在梦里，你真的需要呼吸吗？

你的梦越清晰，你就越会发现你压根不用遵守现实生活中的物理规则。例如，在清醒梦中，你不需要打开梦中出现的一扇门，就可以直接穿过它（就像流行电影里的鬼魂一般）。你不受肉身的限制，但你仍然拥有感觉，这是一个奇妙的悖论，除非你亲身经历过，否则很难接受这一事实。

你所坚信的哲学构架也会影响你在清醒梦中的行为。记住，最初的梦境是在你还没有意识到的情况下产生的。通常情况下，当你已经发现自己身处梦中时，你才会变得清醒，然后与你所看到的事物互动。最终，你能在梦中控制一些东西，但不是全部。即使你可以操纵和改造梦的某些方面，你也仍然无法走出梦境世

界。此外，当你读到关于出现在清醒梦中的形象这一章时，你会发现，梦的世界不太可能是一个单纯由大脑单独设计出的观念之地，稍后我会详细介绍这一部分。

总而言之，清醒梦是美妙的。你还会发现你的情绪、记忆和心理会影响自己在清醒梦中的经历。这就是为什么我在这本书中花了很长一段时间带你了解无意识、情绪的影响，以及梦的象征性本质。你需要掌握这三大主题，因为你对它们的意识会极大地影响你在清醒梦中的体验。你也会看到梦的象征性本质可以延续到清醒梦之中，因此理解各式各样的象征符号是很有帮助的（通过阅读这本书的前几章，你现在已经有了一定的了解）。

现在，让我们来探索一些人们在清醒梦中常爱关注的领域：身体康复、改善情绪、梦境旅行、形态变换和接受精神指引。记住，清醒梦对你来说是独一无二的经历，因此你可以自主地挑选关注的领域。

清醒梦的基本原则

如果你从来没有做过清醒梦，那么提前了解一些信息是非常有帮助的。首先，当你发现自己在梦境中清醒后，你会注意到触

发你清醒的图像、地点或形象仍然在梦里。可以这么说，你刚刚醒来，发现自己是在做梦。你正在被什么所包围？就像我在本章开头与你分享的飞翔梦一样，你可以先跟着感觉走，经历梦的展开，然后体验和探索梦境中的现实。或者，你也可以带着意愿入睡，重新做一个梦。例如，如果你试图通过清醒梦来解决一个你在现实生活中无法解决的问题，那么飞翔梦对你是没有任何帮助的。首先，尽快稳定梦境是很有益的，这样你就能在梦中保持更长时间的清醒。同样的，你可以在梦中将注意力集中到你的脚上，从而让你梦境中的身体平静下来。你也可以通过简单地说出“稳定梦境”或通过揉搓双手来达到这一目的。在清醒梦中，因为语言文字有着不可思议的力量，所以在梦中你要谨慎使用它们。

作家罗伯特·瓦戈纳（Robert Waggoner）是一位清醒梦者，他曾给出了一个简单明了的练习方法：“让所有的思想形式都走开！”你也需要清除活跃在梦境中的心理投射，从而可以与自我和心灵的更光明的方面一起协作。本质上，留在梦境中的一切不再仅仅是你自己思想的投射，而是心灵的投射。之后，我们将在关于清醒梦中的形象的章节中更全面地探讨这个概念；现在，只需要相信这个应用过程即可。

一旦你从清醒梦中清除了思想的投射，你就可以向梦境宣告

你的意愿。根据你的需要，你既可以想，也可以大声说出来，直到梦境发生变化。我总喜欢这样表达我的意愿："作为创造这一梦境的能量，请帮助我……"

如果你在清醒梦中感到不知所措和害怕（我们每个人都会遇到这种情况），那么**让你自己醒来**就好。你既可以在梦中说"醒醒"，也可以专注于睁开自己的眼睛。我曾在清醒梦中因为体验到强烈的震动和巨大的声音而感到异常紧张（虽然我不应有这样的反应），因此把自己叫醒。通过练习，你会越来越适应你的清醒梦体验。

大多数狂热的清醒梦者都会有这样的问题：如何才能延长在梦中的清醒时间？也就是说，**你在梦中拥有力量**，当你需要它的时候，就在梦中使用它。记住，只要你愿意，你就可以在梦中实现你的任何想法。

在清醒梦中获得治愈

你能在一个清醒梦中治愈自己，并在第二天早上看到自己身体的变化和症状的减轻吗？根据我本人和我的研讨会参与者的经验来看，如果你在梦中的意愿非常明确，并且愿意持之以恒，

你就可以改变身体的症状！

罗伯特·瓦戈纳和埃德·凯洛格（Ed Kellogg）两位作家曾对清醒梦进行过一次开创性的研究，他们发现对于“你能否在梦中痊愈并在第二天早上看到身体的变化”这一问题，答案既是肯定，又是否定的，这是因为结果完全取决于做梦者本人。他们的研究表明，有些清醒梦者确实减轻了疼痛的症状，还有些清醒梦者的痊愈速度明显加快了，甚至还有一些清醒梦者在梦中积极地治疗后，醒来发现自己已经完全康复了。遗憾的是，对于其他清醒梦者来说，他们的治疗尝试完全没有效果。

罗伯特·瓦戈纳发现，那些在清醒梦中成功获得治愈和病情有所改善的人，在清醒梦中表现出了五个核心特征：他们都有积极信念、期望、焦点、意愿和获得治愈的目标。我找不到更好的词，但我可以说他们在梦里*志在必得*！

成功的清醒梦者经常会梦到一位内在的治疗者、守护者或医生，这些形象可以立刻帮助他们康复。有时候，他们会在清醒梦中想象一个具有象征性意义的治疗场所，比如喷泉和大海，然后进入水中。有一位清醒梦者甚至在梦中得到一个盛满“灵丹妙药”的杯子，他将其一饮而尽，结果醒来后感觉自己好多了。值得注意的是，所有成功的清醒梦者都是在梦中获得治愈的，因为他们相信他们能做到，所以他们就真的做到了；在现实生活中，

他们也没有遭受任何损失（尽管损失是可能发生的，你将在后面的梦境实例中看到）。

有些人认为清醒梦的治愈效果仅仅是安慰剂效应[1]。我的回答是，即便如此（我当然不认为如此！），醒来后身心舒畅总比难受恶心要好得多。我深信清醒梦具有强大的治愈效果，因为在清醒梦中，是身体中的能量在发挥作用，而不是肉体本身。

罗伯特·瓦戈纳和我本人对梦的研究也提醒了我坚持的重要性。无论在梦中还是现实生活中，寻求治愈是没有次数上的限制的。带着动力和好奇心走向你的清醒梦，看看它们将你引向何处。通往健康幸福的途径有很多种，而清醒梦可以为你提供不止一条道路。

在萨满的众多活动中，清醒梦的下面这个方面也是被关注的重点：**通过梦直接有意地影响身体层面的能力**。用超自然的行话来解释的话，就是这一现象之所以能有治愈的效果，是因为想要获得治愈的意愿与本源能量的结合。请记住，从某种意义上来看，物质世界也有像梦的一面，它可以被你的意愿和精神内核所改变。最终，没有什么是停滞不前的，一切都可以被改变！

---

1 安慰剂效应：指患者虽然获得无效的治疗，但却因为患者“预料”或“相信”治疗有效，而让症状得到舒缓的现象。——编者注

如果你想要磨练吉他或小提琴的技艺，那么你就可以在清醒梦中练习，从而变得更熟练。相信我，清醒梦可以帮助你实现你在现实生活中的目标！哈佛大学的研究和发表在《运动科学杂志》(*Journal of Sports Sciences*)的研究成果已经证明了这一点。比如，科学已经证明，在清醒梦中练习特定的运动技能(比如走、跑和跳)一段时间后，这些技能的水平在现实生活中能够得到积极的提升。不仅如此，梦中的练习效果与在现实生活中的练习效果不相上下。因此，你可以在清醒梦中磨练一项技能，并在现实生活中看到真正的提升。你能想象这意味着什么吗？

有一些人会担心如果在清醒梦中如此活跃，会不会在醒来后感到精疲力竭？通常来说，这种情况不会发生。大多数人在清醒梦中醒来后不会感到疲惫，相反，他们会感到身体得到了休息，精力充沛。当然，并不是所有的人都会有相同的感受，但这一点并不能否认清醒梦的价值。你会知道哪一种方法最适合你。

我们最需要了解的是，清醒的现实与梦境的现实之间存在着一种积极而有力的双向关系。清醒梦充当了这两个现实之间的桥梁，而你的意愿会让一切发生改变。现在，你明白我为什么会称你为"自主的做梦者"了吧？

在现实生活中，你需要什么？你希望创造或改变什么？你需要怎样的帮助？你有多愿意去与更加超自然的存在积极互动？

在清醒梦中，有意识地使用你的意愿来帮助自己解决以上这些问题。

下面这个真实事例可以说明我的观点。一名妇女患有严重的牛皮癣，这个疾病已经困扰她十多年了，她也经历过了无数次的医学检测，但似乎没有任何办法能根治她的牛皮癣。在成为清醒梦者之前，她一直忍受着这一长期存在的皮肤问题。有一天晚上，她在梦中“醒来”，发现自己是在做梦。在她的清醒梦中，她渴望获得治愈皮肤病的指导。就在一瞬间（在清醒梦中，一切都进展得非常快），一个男人站在了她的面前。他什么也没说，只是递给她一个手掌大小的小枕头。在她刚低头注意到枕头底部的形状十分奇怪时，小枕头就融进了她的手掌之中。自然醒来后，她还记得梦中枕头的样子，于是下床将它画了出来。虽然醒来后病情仍然没有改善，但她得到了有用的信息。她的向导给了她这个小枕头，而这意味着什么呢？仔细思考之后，她意识到小枕头的象征意义[1]。但是，对于一位常年求医的患者来说，生病吃药是一个再简单不过的道理，她也已经尝试过很多种药了，但都没有明显效果。关键的问题在于，梦中的药究竟指的是哪一种呢？她随后想起了枕头的奇怪形状。经过一番研究，她发现枕头

1　枕头的英语单词“pillow”中包含“pill”一词，即药片的意思。——译者注

的形状与青霉素的核心化学结构非常相似。后来，她找到了一位医生，核实了这一发现。经过一个月的集中治疗，她的牛皮癣彻底消失了，之后再也没有复发。

在这个例子中，我们可以看到梦境世界和现实生活之间的关系是如此清晰明了。你可以在清醒梦中缓解身体方面的症状，也可以在清醒的生活中利用梦境中的信息来帮助自己。坚持下去，直到你用尽了所有的可能！

通过清醒梦释放情绪

清醒梦有一个最大的益处，那就是你可以通过清醒梦积极地解决情绪问题。你可以尝试这一个简单的练习：在下一次的清醒梦中，先唤起与你正在斗争的情绪问题有关的画面，然后向梦境寻求解决问题的指导。

我的梦境研讨班的一位参与者曾分享过一个希望通过清醒梦来解决的问题。几年前，她和姐姐大吵了一架。姐妹两人都不愿和对方说话，都坚持认为自己的立场是正确的。她们俩谁都不愿意让步，她们的争吵给整个家族造成了巨大的裂痕，家庭聚会也因此被迫取消了。这位参与者的愤怒情绪是显而易见的，但由

于失去了昔日美好的姐妹情谊，她的愤怒逐渐转变为了遭受感情破裂后的深切痛苦，但她又不愿意承认这一点。最终，她决定做一个梦。

在清醒梦中，她先稳定了梦境，清除了心理投射，然后寻求让梦境帮助解决这个问题。在那一刻，一个闪着白光的能量球出现在她的面前。她不知如何是好，只好说："请帮帮我吧！"球在她周围盘旋，先是移动到她胸部的位置，然后是腹部的位置（不过，她在梦中并不能看到自己真正的身体）。一觉醒来，她觉得沉重的情绪已经离自己而去。于是，她打电话给姐姐，主动伸出了和好的橄榄枝，姐姐欣然接受了。

目前，也有一些研究致力于发现是否可以通过清醒梦改善与更极端的情绪相关的问题，特别是创伤后应激障碍（PTSD）和与其相关联的可怕噩梦。这一类的研究非常有前景，表明创伤后应激障碍的患者，以及学会如何在梦中清醒的人都可以通过清醒梦体验到情绪健康方面问题的积极改善。其中，面对噩梦、改变清醒梦中的景观和意象皆为常见的手段，最奇妙的是，这些噩梦似乎从开始使用这些手段起就自然而然地消散了。

抛开创伤后应激障碍不谈，我们在大多数噩梦中都会面对令人痛苦的黑影。我所说的"黑影"指的是梦中的人、图像和让你害怕的状况，它们通常代表你持有的无意识的观念、压抑的记

忆，以及难以应对的情绪。我们可以在清醒梦中面对内心的这些“黑影”，用爱和善良拥抱它们（而不是和它们正面对抗），从而获得个人的幸福和成长。当你在清醒梦中时，你只需转身面对这些“黑影”。最重要的是，给予它们关爱，并且如果可以的话，不妨和它们交谈。

温馨提示：面对“黑影”会让人感到害怕。

在藏传佛教的传统中，一个清醒梦者必须学会掌握梦境的核心元素（比如触摸梦中的火焰）后，才可以面对梦境中的一些形象。这样的练习是为了告诉做梦的人，梦境中的任何东西都伤害不了自己。记住这一点将会非常有帮助：没有什么能在你的梦中伤害到你，但有些经历需要你掌握一定水平的个人技能。

在成为一位熟练的清醒梦者的路上，你首先需要学会如何与梦中的“黑影”，以及难以应对的情绪和冲动打交道。幸运的是，正如我在这本书前面所阐述的那样，有很多方法可以帮助我们应对日常梦和现实生活中的“黑影”或各种形象，比如谈话疗法、写艺术日记、研究日常梦等。当你发现自己可以在清醒梦中轻松而熟练地改变事物时，那么你很可能就已经准备好去面对梦中的“黑影”了。

接下来这个例子是我本人在清醒梦中面对“黑影”的经历。在梦里，我走在一条看起来很奇怪的台阶上。直到我意识到这

些台阶是用骨头做成的，我才在梦中逐渐变得清醒。突然间，一些游离的手臂开始抓住我的脚踝。我惊恐万分，拼命想要摆脱它们。终于，我说："我知道我是在做梦。我知道你们不会真的伤害我！"接着，那些手臂就立刻消失了，我深深地松了一口气。然而，没过一会儿，两个凶狠的身影出现在我的面前，对我大笑和咆哮！于是，我又说了一遍："我知道我是在做梦。我知道你们不会真的伤害我！"那时，我真的在清醒梦中被吓呆了(记住，这感觉是无比真实的，因此做这种梦格外需要勇气)。我集中精神，看着他们一边向我移动，一边合二为一，变成一个巨大的身影。这个大块头开始语无伦次地冲我大喊大叫，我没有闪躲，就让它向我靠近。然后我张开双臂，对它说："我知道你受伤了，我很关心你。"在那一刻，那个身影缩成了一个迷你的东西，我将它捡了起来，紧紧抱在胸前。之后，我就不能继续在梦中保持清醒了。醒来后，我感到一阵莫名的安心。

记住，如果有需要的话，你不仅随时都拥有醒来的力量，而且能在每一次清醒梦中彻底改变整个梦境。你要做的仅仅是在梦中说"醒醒"！所以，一旦梦中的事态变得有点紧张，你就可以动用你的力量。记住，在面对梦中的"黑影"时，你的目标是给予它们爱和同情。事实上，你会发现自己像许多做梦的人那样，在哭泣中醒来，或在极大的解脱感中苏醒。

我的建议是，你可以让梦境和你谈谈你正在努力克服的问题，仅需让梦境展现你需要看到的东西即可。这通常需要很高的专注度和非常集中的注意力，因此你的目标是尽可能长时间在梦中保持清醒。

就像你的心灵一样，清醒梦也有不同的层次，你的意愿可以并将会改变清醒梦。当你专注于你的意愿，你会发现无论是在清醒梦中还是在现实生活中，你都能收获积极的结果。当我们朝着更好的个人成长和更幸福的方向努力时，我们本质上是在与一个内在的整体系统（心灵和精神内核）一起协作。我们不需要摧毁、废除，甚至超越这个系统；我们只需要学会如何相信自己，并好好利用我们的梦即可。

在清醒梦中去特定的目的地旅行

既然你已经了解了自己在清醒梦中可以采取的一些有益的活动，那么接下来就让我们一起踏上探索梦境的旅程吧！在第二章中，我向你展示了如何孵化一个日常梦。除非你是一个有经验的清醒梦者，否则孵化一个清醒梦的过程要比日常梦稍长一些。如果你已经是一个有经验的清醒梦者，那么你很可能也已经知道如

何利用自己的意愿在梦境中前往不同的地方旅行，祝贺你！

然而，如果你还是一个清醒梦的新手，那么在白天就开始为你的清醒梦设定目标是很有帮助的。最重要的是，你要为自己想要在梦中得到的体验，做好心理和意识的双重准备。重复你的意愿会增加你做特定的清醒梦的可能性。这种孵化练习适用于任何你想要的清醒梦体验，而不仅仅只适用于在清醒梦中前往一些神奇之地的意愿。

你只需在白天设定好你的意愿。同样，这里的重点应该是你选择使用的词语。明智的做法是在一天中把你的意愿多写几次。你可以这么写（或说）：“我今晚将做一个清醒梦。当我意识到我在做梦时，我会去我最想要去的地方旅行。”记住，在梦境中你可以到达任何地方。如果你想做一个有关埃及和金字塔的清醒梦，你首先需要设定相关的意愿，比如“今晚我要做一个清醒梦。当我在梦里意识到自己是在做梦时，我会去参观埃及的金字塔”。尽量使用清晰明了的语言，因为你的措辞和表达方式都会影响你的清醒梦。如果你这样表达自己的意愿：“我会看到埃及的金字塔”，那么你在清醒梦中很可能只是拿起了一本封面上印有金字塔图像的旅游手册！实质上，你已经孵化了自己的清醒梦，但你所希望的结果却未能出现。我个人就曾因为措辞模糊地表达意愿，而做了很多“跑题”的清醒梦，世界上还有很多清醒梦者也

都有这样的经历。所以，请容我再强调一遍：你选择的表达意愿的词语非常重要，并且越具体越好。记住，清醒梦需要经验的积累，因此它需要一定的开放程度和理解水平。这样做的美妙之处在于，一旦你成功孵化了你的梦，你就可以在你认为合适的时候一遍又一遍地进入梦境。

然后，一旦你找到了表达梦境旅行意愿的准确措辞，你就可以提醒自己："我会在梦中变得清醒。"

当你上床准备睡觉的时候，你可以开始练习系统性的放松，让你的整个身心平静下来。然后，在重复你的意愿的同时，想象你想要经历的梦境。以埃及相关的梦为例，想象出现在面前的金字塔，感受身处沙漠的感觉、皮肤上的热量和吹过头发的风沙；然后，想象自己在梦中变得清醒。你甚至可以在想象的过程中加入一个检查现实的环节。尽可能延长你的想象时间，这样也就增加了你在梦中清醒的机会！在这一过程中，你在入睡前训练自己的大脑，从而产生预期的梦境体验。

简单地重复这一过程，直到你睡着。就像坚持日常梦的孵化一样，直到你成功地孵化出自己的清醒梦。记住，最重要的是，如果你能以轻松和欣赏的心态进行这一过程，那么你将会收获一段非常愉快的经历。

在梦中变得清醒后，你在梦境中的探索就不再受限了。比

如，你既可以穿过金字塔，也可以在金字塔上面飞行，甚至还能和金字塔周围的人说话。不仅如此，你还可以在不同时间多次体验一个地方（例如：你可以要求去20世纪20年代的埃及）。你可以发挥你无穷的想象力，梦中的可能性是无限的。如果你真的想有一个强烈的“啊哈时刻”，那么就在梦中醒来，研究你的梦境。例如，当你梦见一个特定的象形文字、一块特别的纪念碑或者一幅特殊画面时，醒来后你可以上网搜索一下，看看梦中的意象是否真实存在，你很有可能会大吃一惊！

在清醒梦中变身

如果你在清醒梦中想要超越你的外在感知的身份，并试图完成身份的分离，那么你会发现一些不可思议的事情。在这个过程中，你会体验到自己与你的非物质本质之间的关系。当你醒来之后，你甚至可能开始质疑自己对于身份和现实的观念和假设。

在清醒梦中，你可以变身为其他的东西，比如一只鸟、一株植物，还可以变换性别和种族。在梦境中，只要能变身为某种动物，就是一次巨大的飞跃。

也许，你可以这么想：当你从疾病中康复时，发生了什么？

这就是生病和健康两种状态的切换，也就是说，你转化了你的能量，经历了一次变身。当你变老时，发生了什么？你的身体形态从一种形式变换为另一种形式。在清醒梦中，你可以有意识地进行形态上的变换，而不用通过身体层面的自然而然的、生物的过程。在清醒梦中的变身可以在一瞬间完成。

这就是在清醒梦中变身的感觉：我先是在梦中醒来，接着消除了梦境中的心理投射，最后我化身为一条河流，就在那一刻，我与水合二为一。成为水的真实感觉很难用语言描述。水中搏动的生命感和纯粹的情绪在梦中唤醒了我。

接下来是一位梦境静修的参与者的亲述：

> 我可以在梦中清醒。我之所以练习梦境静修，是为了稳定我的梦境，尽量在整个清醒梦过程中保持冷静。这一次，我终于成功地延长了我在梦中的清醒时间。然后，我大喊："我是一头狮子！"话音刚落，我就变成了一头狮子。我体验到了身为动物的知觉。言语简直无法描述这次宏大的体验。我太激动了，直接从清醒梦中醒了过来！这次变身狮子的梦境经历深深感动了我，于是我决定每个月都会向一家在全世界范围内拯救大型猫科动物的非营利组织捐款。

当你带着经验、谦卑和统一的意愿做清醒梦时，你不仅会看到你在生命之网中的位置，还能看到所有其他生命和生物所在的位置。在经历了这样宏大的清醒梦后，你很难不觉得自己的现实生活在某种程度上发生了变化，也就是说，你已经在某种程度上改变了，你知道你有能力通过自主的梦和行动来改变生活。

你在梦境练习中越熟练，就越容易进入未知的虚空世界。在这一过程中，你会从自己的主观判断中抽离出来，充分地体验更加宏大的图景。当你在清醒梦中变身时，你会学会如何在本质上成为那一事物，而非在自身之外去体验那一事物。如果你不摆脱对世界（和梦）的有限感知和判断力，那么你就会屏蔽那些超出所谓的“正常范畴”的经历，最后阻碍梦的发展。在清醒梦中，你不仅需要十分相信自己的亲身经历，而且需要保持足够开放的心态，全神贯注地去探索梦境，不要怀着先入为主的观念去抵触在梦境中的体验。

练习：在清醒梦中，放弃对结果的掌控

一方面，你学习如何做清醒梦，然后又心甘情愿地完全放弃对自己在梦中行事的控制权，这似乎是违背直觉的；另一方面，

这反而更像是一种符合直觉的做清醒梦的方法，因为你允许自己被梦本身直接塑造。在你经历清醒梦的过程中，一部分的你是一个观察者，还有一部分的你是一个积极的参与者。

在很多方面，“向内走”都是一种为了实现自我而放弃控制权的矛盾之举。你要让梦带领你踏上你需要的旅程，而不要过分控制你在梦中将要经历的事情。请以这种方式感受清醒梦，看看你会得到什么。我们自以为自己可以掌控一切，但当我们停止试图控制结果时，我们会发现自己处于走出掌控的状态中，从而体验到自己的直觉和对自我的接受感。

梦境沉溺练习：讲述我想知道的事情

第一步：在清醒梦中，你需要培养这样的意愿，即“我会感到安全和放松，我会看到需要了解的事情”。

第二步：当你在梦中变得清醒时，如果你需要稳定梦境，那么请开始探索你在梦境中看到的事物。你甚至可以向梦境发问：“需要我看到什么？”

第三步：在梦中，你可以像一个在异国旅行的游客一

样观光，看看梦境会将你引向何方。无论何时，只要你愿意，你都可以叫醒自己或完全改变梦境。如果你感到非常不知所措，那么你可以在清醒梦中闭上眼睛，或者大喊“醒醒”，这样你就会从梦中苏醒过来。

第四步：与梦中出现的元素互动，向它们提出一些开放式的问题，然后倾听答案。

第五步：当你准备好了，就从梦中醒来吧。记得写下你的清醒梦经历。

第六步：如果你觉得你还有继续解释你的清醒梦的需要，那么不妨问自己以下问题。首先，这个梦是如何帮助你平衡物质生活与精神生活的？其次，有哪些心理学和直觉层面的顿悟可以启发你？最后，你是否可以通过自主的行动，利用你的梦来改善你自己或他人的生活？如果答案是肯定的，那么下一个正确的步骤应该是什么？如果你需要更多的指引，就进入梦中继续探索吧。

第十章

在现实生活中显化清醒梦的力量

作家兼励志演说家埃丝特·希克斯（Esther Hicks）在自己的作品中解释了现实的本质，并且指出现实的本质能够影响梦。从本质上来讲，我们有能力通过管理我们情感上的共鸣，与宇宙（或非物质世界）一起创造现实生活，这意味着我们的思想是具有力量的。我们的情绪和思想共同影响着我们的能量，而我们的能量会引起我们的情感共鸣，进而带给我们各式各样的经历（好的、坏的、丑陋的）；或者更确切地说，情感共鸣最终会让我们精力充沛地去参与或好或坏的经历。

根据埃丝特·希克斯的说法，你要么会处在与幸福和想要体验的事物的共鸣中，要么与它们对抗，就是这么简单。调整你的共鸣，你的经历也会随之改变。当代所谓的"吸引力法则"（即在现实生活中显化事物的能力）便建立在此基础之上。我不相信生活中创造的动力如此单一，但我发现清醒梦可以积极地提升你在现实生活中显化梦境经历的速度。

我相信埃丝特·希克斯的说法，即能量能在共鸣中转移。实

际上，这一看似新鲜的观点由来已久。泛灵论[1]者不仅认为他们可以通过转移能量来改变世界，还认为一切事物都拥有生命力或充满活力的脉搏，因此人类应该尊重一切事物（我完全同意这一点）。此外，萨满经常使用清醒梦来影响现实世界（尽管他们可能没有使用“显化”这个词）。犹太教的神秘主义著作《光明篇》（*Zohar*）也提到了可见与不可见之间相互影响的动态观念。

作为一个清醒梦者，你变得越熟练，就越容易在梦境中创造出非常具体的体验。可以这么说，你能自主地尝试不同的梦境体验。正如你从有关治愈的梦境中所看到的，在梦境中改变事物的确会影响清醒时的生活。

用埃丝特·希克斯的话来说，一个人在清醒梦中可以改变自己的共鸣。如果你在醒来时仍然能保持这种特定的共鸣，那么你就能成为自己的灯塔，照亮你希望去体验的道路。如果你想拥有自己的房屋，但还没有如愿，那么你就可以用买房的意愿，孵化一个特定的清醒梦。在你的清醒梦中，你会体会到买第一套房子的感觉。你做清醒梦的主要目的就是去体会那种买到房子后的真实的欢欣与兴奋。在醒来之后，你可以更准确地利用这种感觉

1　又名万物有灵论，为发源并盛行于17世纪的哲学思想，后来其被广泛扩充解释为泛神论，逐渐演变为宗教信仰种类之一。泛灵论认为天下万物皆有灵魂或自然精神。——译者注

（和共鸣），与其保持一致，这意味着你们可以共同去创造一种新的局面，从而帮助你在现实中更快地买下房子。

你可以练习在自己的清醒梦中显化任何你想要的事物。做这个练习有两个原因。第一是在这个过程中，你可以观察是否有一些自发浮现的梦境符号，如果有的话，那么这些符号通常意味着现实生活中的真正帮助你或阻碍你实现目标的事物，比如一种无意识的观念或自暴自弃的坏习惯。（本章的结尾会有一个练习，可以帮助你更加深入地理解这一点。）第二个原因是，在清醒梦中练习显化的过程可以让你亲身了解清醒梦的共鸣的本质。当你觉得你了解了其中的本质之后，就像在清醒梦中变成一头狮子那样，你也可以**成为**现实生活中的那种产生共鸣的源头。无论出于何种目的，你都会是梦境过程中的本质。

正如埃丝特·希克斯所言，共鸣最终会让我们精力充沛地去参与或好或坏的经历。再次谨记，你要么处在与想要体验的事物的共鸣中，要么在与其对抗，就是这么简单。调整好你的共鸣，你想要体验的事物就会向你涌来。可能有人会问，为什么很少有人知道这一如此简单的道理呢？嗯，是这样的：在20世纪90年代之前，清醒梦都还没能在西方流行。

那么，在那之前，谁拥有这把秘密梦境俱乐部的金钥匙呢？答案是古代宗教和灵性学派（例如印度教、萨满教和佛教等），这

些组织通常只通过传统的口头形式传授和分享智慧和知识。因此，如果你不是其中的一员，自然很难对这些智慧和知识有所耳闻。

秘密梦境俱乐部的金钥匙

藏传佛教的丹增旺杰仁波切做出了一个激进的决定——与西方分享他关于清醒梦的知识。1998年，他出版了《西藏的睡梦瑜伽》(*The Tibetan Yogas of Dream and Sleep*)一书。在此之前，即使在东方，清醒梦的活动基本上也是不对外公开的。在这本书中，他解释了一直不对外分享梦境知识的原因："这些教义按照传统被当作秘密来保存，这既是一种尊重，也是一种保护，防止我们的教义因为没有做好准备的练习者的误解而遭到诋毁。我们从来没有公开教导，也没有轻易传授，而是将教义留给那些准备接受它的人来学习。"他还解释道，他之所以决定分享这一智慧，是因为他觉得世界的状况已经改变，人们有必要尝试一些新鲜事物了。为了造福世人，他向全世界公开分享了这一长期与世隔绝的智慧。我们可以说，这一举动无疑是一次信仰上的巨大飞跃。

纵观历史，通常只有治疗师、女巫医、圣人和萨满掌握清醒梦的知识。也就是说，在过去，只有那些有天赋的人才能同时一只脚踏在非物质世界里，另一只脚踏在物质世界里。然而，如今，我相信每个人都拥有这种能力。毕竟，我们都有梦，不是吗？由于我们成长的方式，大多数人已经忘记了如何感知自己的心灵；而且，由于我们接受的教育，大多数人也已习惯于关闭自己的心灵感知。越来越多的人开始相信，我们只能通过外部的事物才能接触心灵。但是，梦为我们提供了其他的可能。

梦是普遍存在的。无论你是否富有、恋爱与否，无论你的性别和种族，梦始终都是内在的，你不需要借助任何外部条件就能做梦。每天晚上做梦的时候，我们都在与心灵相联系。做梦是一种最直接、最个性化的方式，提醒人们：我们都是通过这种方式与心灵联系在一起的。无论你是女巫医还是律师，当你做梦时，你都只是自己的非物质本质。清醒梦适合所有人，能为我们创造一种让人感觉良好的生活！

练习：我知道我的梦正在来的路上

在这个练习中，我将向你展示如何带着自主的意愿去做梦，

这样你就可以尝试在生活中显化积极的梦境经历。在我们开始之前，你需要先了解两个关键因素。首先，许多古老的梦境练习都强调了改变梦境世界会有因果报应。因此，在练习中，保持正直和良好的道德修养是明智的选择，你在现实生活中不愿意对你敬爱的人做的事情，就不要在梦里做。其次，埃丝特·希克斯和众多的精神信仰体系都认为，非物质（或心灵）是一种纯粹的爱或积极的能量形式。当你做清醒梦的时候，你的精神**和心灵**都在做梦。因此，如果你在梦中感觉不到纯粹的爱和积极的能量，那么重要的是，你要辨别你正在与什么互动。就像日常梦一样，大多数时候，清醒梦仅仅呈现你内心发生的事情，即一种来自心灵的象征性投射。你在梦中感觉不到纯粹的爱和积极的能量，这意味着你的自我和情绪已经阻碍了你清晰地感知自己的精神。

我做过大量的清醒梦。有很多次，我曾因为自己的情绪或想法，影响了梦境的进程。正如你在本书的前半部分所看到的，你的情绪、记忆和经历都能影响到你的梦境。坦白地说，有时候，你会在清醒梦中有意或无意地面对情绪、被压抑的记忆或潜在的观念，那种体验会让你大吃一惊！

例如，在我的一个清醒梦中，我先努力稳定了梦境，清理了所有的投射，练习自主的梦，意图显化我生活中的某些东西。起

初，整个过程进展得十分顺利。但是，一瞬间，地板塌陷，我随即掉了下去！这一切的感觉都太真实了！梦境中的突然变化让我措手不及，吓得我从梦中惊醒。对我来说，地板的塌陷象征着我在生活中所建立的基础是脆弱的，这提醒我需要加强对自己和我所创造的梦境的信念。此外，地板的塌陷也不象征着纯粹的爱和积极的能量；相反，它是我的精神状态的象征。

在梦境中，意料之外的象征符号（例如人和经历）往往会效仿那些由情绪、观念和无意识构成的心灵内部能量，因此这种象征符号会让你产生强烈的共鸣！如果你多年来一直压抑着某些情绪（这些情绪太多了，以至于阻碍了你在现实生活中实现或创造自己真正想要的价值），那么你在梦中看到的象征符号很可能会非常强烈地反映出你受到压抑的情绪。比如说，有一个人成长在一个支离破碎的家庭之中，他对家的意义就会有一个内在的联想。于是，当他在梦中显化一个房子时，与家相关的消极情绪便会涌上心头。因此，对于这样的人来说，他首先需要正视一直在回避的情绪，这样他才能不受阻碍地向前走。在他能够在现实生活中显化一个美丽的家之前，他急需在现实生活或清醒梦中给自己的心灵之家来一次“大扫除”。

同样，任何能激起你强烈情绪的事物都可能作为一个具有强大统治力的象征符号在你的梦中出现。无论是沉浸式的梦境

体验，还是轻微的梦境体验，梦中的象征符号都具有压倒性的力量，让你有一种失序的感觉，它们以自身的纯粹的本质迫使你去关注它们。这些象征符号通常是非常极端的，因为我们围绕它们堆积的能量同样也是极端的。因此，即使在我们睡觉时，梦境中的象征符号也仍然能继续活动。这种事情几乎发生在所有我认识的做梦者的身上，所以大可不必担心，这仅仅意味着你需要认识到这样一个事实：当你做清醒梦时，你很有可能会直面影响能量共鸣的自己的情绪、想法、无意识的动机和驱动力，它们会以梦中的形象、风景或象征物的形式出现，它们根据的是你的个人历史和生活经历，以及你目前试图在自己的生活中显化的事物，这种梦境经历时而很平和，时而却有些激烈。

记住，**梦是由做梦的人决定的**，这一点至关重要。只要你带着意愿入梦，那么你的梦就会主动适应你，准确地展示你需要看到的东西，这样你就可以被梦引导着积极前进。如果你目前正在尝试在现实生活中显化一些事情，认识这一点尤其重要。

当你的某种情绪太强烈，或者你的某种想法具有强大的影响力时，你的梦境也会受到它们的影响。因此，从心理学的角度来看，花时间研究梦在现实生活中的意义是绝对值得的。在这一过程中，你还能卸下自己的情绪包袱，从而感觉更好。

再次温馨提示：清醒梦是一种平衡物质与非物质的活动。因

此，如果你在清醒梦中看到一些令你吃惊的事情，你可以做这三件事：第一，你可以在梦中传达改变梦境的意愿，梦境会跟随你的意愿发生改变；第二，你可以唤醒自己；第三，你可以勇敢地面对梦中的形象或象征物，请它们谈谈与你想要达成的意愿相关的话题。

正如上文中提到的，如果你一心想买房，你就可以孵化一个清醒梦，以体验那种精确的显化。假设在梦中，你梦见自己站在你新房子前的草坪上，房地产经纪人正要递给你钥匙。这时，一条巨大的恶犬突然不知从哪里冲了出来，凶猛地龇牙咧嘴，对着你狂吠！（如果这个时候你还没有醒来，那么你不妨提醒自己在梦中保持清醒。）你只是想体验一下买房的感觉而已！遭遇恶犬完全不是你有意设计的梦境体验！因此，恶犬是一个自发的象征物，你其实并不知道它究竟是从梦境中的什么地方冒出来的。一般来说，梦境中出现的障碍和侵扰意味着你正在梦中经历一种来自心灵的投射。也就是说，你有意识和无意识的想法、情绪和记忆正在影响你在梦境中的显化活动。

在上述情况下，你在梦中既可以选择与恶犬互动，也可以直接告诉它："滚开！"不管怎样，你能够在梦中对恶犬做出回应。你不仅可以对着它大喊大叫，甚至还可以像在现实生活中一样，用一种命令的口吻，大声喊"停！"，让狗乖乖听你的话。接

着，你就可以质问这条狗：“你为什么会出现在这里？”恶犬给你的回答可能是荒谬的，也可能带给你清晰明了的启发。如果答案是明确的，那么你可以在醒来后分析答案的内容，来解读它的意义。

你的愤怒（情绪上的痛苦），或者隐藏的与成为房主有关的恐惧都有可能成为“恶犬”这一心理投射物。虽然梦中的这条狗会让你感觉很不一样，但其实它对你来说很有用，因此没有什么好害怕的。如果你能通过这条狗得到有益的答案，你应该感谢它，并让它快乐地离开。狗象征着你内心的某种东西，但它不是精神的清晰投射物，因为它并非纯粹、积极的能量。你能体验到的精神是纯粹的，并且充盈着爱的能量。正是因为恶犬带给你的感觉并不是纯粹的积极的能量，所以这一梦境形象象征着你内心的某种东西。

所有以显化为目标的清醒梦都有一个目的，即看着梦一直做完。这很可能意味着，一旦送走恶犬，你就可以在新房子附近漫步，探索拥有新家的感觉。

对于这一练习，没有次数上的限制。你可以孵化尽可能多的清醒梦，因为你需要看清在你的梦境生活和现实生活中的显化现象。

练习步骤：如何带着意愿去做梦

在孵化一个清醒梦的过程中，你需要带着更快地在现实生活中显化出一些东西的目标。在这一过程中，你还需要真正地信任自己的心灵，积极向内探索。

第一步：在白天，设定你将在梦中变得清醒的意愿，以体验显化的感觉为目标。在一天中，尽可能多地想起你的意愿。你可以在你的手机上设置一个提醒，提示自己每小时回想一次。

第二步：当你躺下准备入睡的时候，设定另一个意愿，即“在清醒梦中，我会感到舒适自在，而且我会很安全，不会遭受伤害。”

第三步：我在第八章中提到了很多种通往清醒梦的方法，尝试使用其中的一种，比如引发清醒梦的著名方法——“梦中知梦”。记住，在梦中变得清醒的关键因素在于你识别梦的能力！

第四步：当你在梦中变得清醒后，开始稳定你的梦，然后大声宣布你正在主动尝试在梦境中显化一些东西。比如，你可以说：“我现在就想体验一下买下房子的感

觉！”或者说：“我想体验一下找到好工作的感觉！”

第五步：练习的目标是体验与你正在努力显化的目标的共鸣。这样一来，你能将梦境中的共鸣引入现实生活中，从而看到显化的发生。

第六步：运用你的判断力，明智地与任何可能在梦中突然自发出现的象征物（比如人或动物）互动。

第七步：试着在梦境中保持长时间的清醒，以便看到显化的完成。

第八步：一旦显化完成，你应该把自己从梦中唤醒。我建议你下床，把自己的梦境经历写下来，或者用语音记录下来，这样你就能巩固对经历的感受。这一步的核心目标是记住梦境中的感觉和状态！

第九步：在你觉得适当的时候，经常重复整套练习。

第十一章

灵魂引者和梦境向导

从深蕴心理学[1]的角度看，在人的无意识和有意识之间，有一片由"ψυχοπομπός"管辖的阈限空间。"ψυχοπομπός"一词为希腊语，意为"灵魂引者"。在神话故事中，灵魂引者能够协助那些重要的神话人物从一种状态过渡到另一种状态。通过梦，我们就能遇到灵魂引者。

灵魂引者既可能以象征性的方式化身为一个动物，也可能化身为一个睿智的老人，或者一个女人，帮助处于过渡时期的人们，并且通常是帮助他们进行从死亡到来世的过渡。然而，这种过渡并不特指死亡与来世，它还可以是仅需要跨越一个"门槛"的简单过渡，比如从成年到中年，从单身到结婚等常见的过渡。许多人通过婚礼这一象征性的仪式来跨过单身的门槛。一旦仪

1 亦称"深层心理学"，指弗洛伊德创立的潜意识心理学。深蕴心理学不属于心理学的分支，而是属于精神分析学派的研究方向。深蕴心理学认为人的心理和行为的根源既不是表层的意识，也不是中层的前意识，而是属于深层的潜意识。——译者注

式完成，这对新人就跨过了门槛，进入婚姻的新状态。换句话说，旧的生活方式已经“死去”（两人摆脱了单身状态），新的生活方式已经“诞生”（两人开始了婚姻状态）。

然而，在我们跨过各种形式的门槛之前，通常会进入阈限空间。在这个空间里，过去和将来的事情悬而未决，我们必须接受这种处于两者之间的状态。当一位女士准备从女儿身份过渡到母亲身份，就必须经过怀孕这一过渡阶段。（怀孕梦通常非常生动，而且会让做梦者产生紧张的情绪，但这种梦很有帮助，因为它能引导女性度过这一关键的转变过程。）

通过梦，我们能在很多方面体验到过渡、阈限空间，以及与灵魂引者相遇。在实际生活中，我们甚至会为了进入梦境而跨过清醒和睡眠之间的界限。如果你已经亲身探索过假眠状态和朦胧状态（可以回看第七章，复习一下），你会注意到清醒意识和睡眠意识之间的过渡阶段充满着图形和图像。

阈限空间并不是空荡荡的无人地带，而是一片中间地带。阈限空间就像桥梁、通道或者入口，是连接着过去和未来的过渡空间。当你处在自己生活中的阈限空间中时，注意你的梦境，你很可能会发现一位灵魂引者出现在其中。

正如你在本书中所看到的，日常梦和清醒梦都将你与精神联系在一起。在日常梦中，灵魂引者通常会以象征性的方式现身；

在清醒梦中，做梦者则可以有意识地与灵魂引者互动。

以这一日常梦为例：一位女士在自己的母亲去世后不久做了一个梦。在梦中，她和她的女儿正在旅行的路上，但目的地未知。她心里知道这个目的地与自己的新家息息相关，非常重要。但是，这个梦感觉很模糊。突然之间，"就像在梦里似的"，母女俩发现自己站在火车站的外面。她想让女儿和她一起上火车，但她的女儿说想和并没有出现在梦中的祖母登上另一列火车，并且表示很快就会回来。就像我们梦到刚去世的人一样，这位女士在醒来后，因为自己的梦而感到悲伤。然而，让她百思不得其解的是，为什么是她的女儿和她的母亲一起走，而不是她。这个梦到底是什么意思？

在她的梦中，"女儿"这一形象具有象征性的双重功能：一是反映了这位母亲的内在孩童；二是作为祖母的灵魂引者。经过一番思考之后，这位女士意识到，母亲的去世让她觉得自己不再是别人的孩子了。她的梦不仅清楚地反映了她的失落和悲伤，还讲述了一个她独自经历的旅程——从一个成年的女儿到为人父母的转变。

在梦里，年幼的女儿坐上火车，和她的祖母一起前往一个未知的目的地（来世），而这位母亲坐上火车，前往一个新家。我们由此可以看到，小女儿以象征性的方式主动成为祖母的灵魂引

者。想到这一点后，这位女士得到了很大的慰藉。这场梦确认了她的悲伤，以及她内心的失落；但与此同时，梦还向她表明，家族中的三个女性都在以各自的方式一起过渡。多么美妙的梦啊！

清醒梦与灵魂引者

在清醒梦中，我们会以两种不同的方式与灵魂引者互动。首先，作为清醒梦者，我们可以在梦中与已经去世的人见面，并在需要时帮助他们。在这一过程中，我们扮演了灵魂引者的角色。例如，如果一个已故的亲人想和在世的家人们沟通，那么一个熟练的清醒梦者可以接收到故人的信息，并且将其传达给家人们。在我们处在阈限过渡期时，我们都可以在清醒梦中请求与灵魂引者见面，从而获得个人指引。记住，你与灵魂引者在清醒梦中的关系并不是单向的。

再次重申，过渡并不总是与死亡相关，它可以是任何有意义的发展或转变，比如一个人从入职到独立创业的过渡，从工作到退休的过渡，等等。也就是说，这只是一个需要结束旧身份或改变老习惯的时期。我选择使用已故的梦中人物的例子，是为了向

你展示这三个要点：第一，过渡时期具有重大的意义；第二，我们可以在做梦的过程中获得巨大的帮助；第三，在不同的情况下，我们既可以是情感支持的接受者，也可以是提供者。

韦恩·戴尔（Wayne Dyer）博士是一位高产的励志作家，他本人就曾在母亲去世后不久做了一个清醒梦，并且从中获得了慰藉、解脱和幸福。在那场梦中，他正沿着大路，开车前往母亲的家。下一幕，他突然出现在了前门，发现门被一扇纱门遮挡住了。就在那一刻，他想到妈妈的房子压根没有安装这样的纱门！这一认知直接触发了清醒梦。

在梦中清醒后，他试图打开纱门。但是，他试了又试，都没能成功。然后，他的母亲前来打开了门。但是，奇怪的是，他的母亲看起来就像只有40岁。当他回忆起母亲近期的离世，眼前的这一切都让他感到十分惊讶。（记住，在清醒梦中，你仍然可以回想起你所有的生活经历和记忆！）他难以置信地喊道："你不可能在这里，你已经去世了！"话音刚落，她就消失了。几秒钟后，她又出现在了梦中。不过，这一次，她终于以96岁高龄的模样出现，而且还是离世前的模样。他激动地醒了过来。

韦恩·戴尔博士的清醒梦经历给我留下了深刻的印象，他的故事完美地展示了物质与非物质之间的舞蹈，因此我才会与你们分享这个故事。同样，你也会在清醒梦中受到思想、情感和记忆

的影响，我们所有人都会这样。也就是说，只有当我们在梦境中变得更加熟练时，我们才能不受它们的影响。

在梦里，韦恩·戴尔对他的母亲喊道“你已经去世了”，如果他的母亲已经不在了，那么她又怎么会出现？就在他产生怀疑后，母亲的形象消失了。他的思想和情绪通过他的疑问影响了整个清醒梦的进程。接着，梦境中的母亲才突然变成了他所熟悉的年老模样。

想象一下，如果你刚刚做了一个**自发性**的清醒梦，梦见了逝去的爱人。仅仅是想到一个已经去世的爱人就已经让人难以承受了，更不用说在有意识的梦中看到本人了！

感知心灵的艺术的一个方面就是接受它的这一本质：与物质截然不同。韦恩·戴尔曾询问埃丝特·希克斯（在网上可以搜到这段视频对话），为什么他的母亲不能在梦中陪他多待一会儿。埃丝特·希克斯给出的回答不是“母亲不能留下来陪他”，而是**“他不能继续感知到母亲了”**。

这段话对我来说很有启发。他在梦中被情绪所淹没，影响了他感知母亲的能力，这也可能是他不由自主地从梦中醒来的原因。因此，为了能让大家明白这一点，不妨这么理解：在清醒梦中，你能够感知心灵，但你的思想和情绪会遮蔽心灵与你的联系。这是我在本书中提供正念练习的原因之一：正念练习不仅能

帮助你更清楚地体验心灵，还能让你在现实生活中拥有更加良好的感觉，一举两得！

那么，你应当如何判断清醒梦中的人物真的是你已故的爱人，还是梦境向导呢？你需要向他们索要证据。大多数的梦境向导会给你提供苏醒后可以核实的信息。你也可以改变清醒梦，通过再次说“所有的投射都消失”。你越深入探索自己的梦境，你就会越相信自己内在的智慧和认知。

作为一个作家，用文字来衡量虚无缥缈的概念是很奇怪的，因为文字与概念的本质以及实际体验都是相互对立的。如果你曾经深刻地体验过你的直觉，你就能明白我的意思。如果就在此时此刻，我请你立刻用语言证明你的直觉，你认为自己能够做到吗？

你会意识到，直觉就像清醒梦一样，是一段在物质和非物质之间、可见与不可见之间的美丽而神秘的舞蹈。直觉是一种感觉，就像风吹在脸上一样。试图用语言定义这种舞蹈，就像试图用手抓住风。这种观点也与很多神秘主义著作中关于做梦的说法产生了共鸣——你体验梦，呈现梦，成为梦，思考梦。然而，梦仍然是一个谜。梦就像直觉一样，是一种超越逻辑的智慧，也是一种用自觉意识来感知非物质的方式。

通过清醒梦，我们还能了解到，从线性的角度来看，时间似

乎完全不足以解释意识体验。对逻辑思维来说，梦中的智慧和创造高深莫测，犹如一张神圣之网，带我们通往无限可能的领域；在那里，我们不仅可以同时拥有过去、现在和未来，而且还能获得在现实生活中与心灵一起创造的能力。

做梦绝不是一种可以简化为临床或批判性思维的一维体验，而是一门艺术。梦有许多层次和级别，而这本书仅仅触及了梦的表层。

在清醒梦中，我们会带着意识和（自我的）记忆进入梦境。一方面，梦可能会带来有益的帮助；但另一方面，梦也会影响我们与心灵的联系。韦恩·戴尔正是经历了这样的梦，梦影响了他与心灵的联系。当他在梦中意识到母亲太过年轻后，他的母亲变回了去世前的那个年纪，重新在他的清醒梦中出现了。这是因为对于韦恩·戴尔的理性思维来说，那个96岁的老母亲形象更加“准确”，更能被当作现实来处理。同样值得注意的是，这是他第一次做自发的清醒梦，因此我们自然没有期望韦恩·戴尔能在梦中完全控制自己的注意力和意识；但通过他的梦，我们深刻认识到了正确使用注意力的重要性。

此外，韦恩·戴尔的清醒梦还告诉我们：无论我们有多么熟练的清醒梦技巧，无论我们在梦境的何处，无论我们的思想、情感和记忆如何阻碍我们，心灵都能适应我们的梦境体验，与我们

持续沟通。

然而，经常有人会这样问我："为什么做梦的人不能以一种与精神有关的特定方式做梦？""为什么不是所有人都拥有同一种灵魂引者？""为什么不是所有的家庭成员都能梦见同一个刚刚去世的人呢？"我通常都会给出同样的答案：每个人都是处在人生旅途上不同阶段的个体，有着完全不同的观念体系和生活经历。对所有的人来说，以同样的方式获得相同的信息是没有意义的，因为我们不需要同时从心灵那里得到完全相同的东西。不是每个人都需要和已故的亲人诀别。梦的独特之处在于，它能以我们个人的物质体验为基础，并将其与我们的非物质本质相结合，从而给我们提供更多的深刻见解和指引，帮助我们理解需要知道的事情。梦能给予我们更高的视角。最终，你的梦会引导着你，你可能会从一个更高的有利位置上体验自己的生活。

梦境向导有多种形式

在我的一次梦境静修期间，女性参与者安娜加入进来。安娜的绝妙经历能够向我们展示，心灵是如何在我们准备好后与我们联系的，以及它是如何让我们集中注意力的。一直以来，安娜在很

大程度上都是一位无神论者，她质疑梦和直觉是否真的存在。但是，后来的几场非常强烈的清醒梦彻底震撼了她。于是，她决定尝试一些新鲜事物，报名我的梦境静修课程，与其他参与者一起做梦。

她表示，这次静修的目的是给心灵一个机会，让其向自己证明她应该听从其声音。同时，她还认为梦境向导并非只有“梦中人”这一种形式。还记得我说过我们的话语是有力量的吗？安娜的这一认识掷地有声。在那次静修的过程中，参与者经历了最难以置信的梦，克服了各种触发因素和无意识观念，同时加深了自身与心灵的联结。

然而，安娜觉得，即使她带着想要与梦境向导见面的意愿孵化自己的日常梦，也好像仍然什么都没有发生过。坚持了几个夜晚之后，她告诉我只有一条狗在她不同的梦境中出现了三次。我问她那是什么狗，她告诉我那是一条牧羊犬。安娜认为这条狗象征着一些来自她的心灵的事物。正如你在这本书中看到的，她当然可能是对的，因为我们在做梦时，我们的精神与心灵是一致的。

于是，我从梦的象征层面入手，问安娜：“一条牧羊犬对你来说意味着什么？”她回答道：“牧羊犬就像一位尽忠职守的牧人，总是寸步不离它的羊群。”具有讽刺意味的是，她的梦听起来像

是圣经里的故事。按照她的理解，有一条忠诚的牧羊犬永远不会离开她。嗯，这很有意思！于是，我又问道："羊作为一种象征物，对你来说意味着什么？"她回答："羊代表着不能为自己着想，代表着难为情。"[1]

安娜担心其他人会因为她与生活中难以解释的事物联系在一起而质疑她的智力水平，担心她所在的群体会因为她相信生命的精神层面而排斥或嘲笑她。她的梦向她说明了一切，她也在梦中获得了指引。无论她相信什么，梦都会给予她指引。

接着，安娜通过反思和冥想活动，审视她一直以来所坚持的观念。然后，她决定做一些根本性的改变，并且开始更加勇敢地表达真正能引起她共鸣的东西。静修之后大约一个月，我收到了安娜的一封电子邮件。她说自己做了一个清醒梦，她在梦中请求得到指引。在梦境中，一个女人出现在她面前，告诉她之前的牧羊犬梦就是送给她的"礼物"。

心灵会一直适应你和你正在经历的独特过程。你无须刻意操控这一过程，只需要在梦中接收指引即可。最终，梦境向导会帮助我们，并且会告诉你：你永远都不会真正感到孤独。

1　在英文中，羊的单词是sheep，而sheepishly一词有羞怯之意。——译者注

与梦境向导连接，体会共时性的艺术

在我的梦境研讨会上，有很多参与者都带着与梦境向导或者精神向导建立联系的意愿而来。有时，这些参与者会遇到不止一位向导，你也可能会遇到相同的情况。和安娜的经历一样，过程才是最重要的。因此，你只需要对呈现在你面前的过程保持开放的心态就可以了。

正如你在本书中所看到的，无论是在现实生活中，还是在梦中，我们体验心灵的方式有很多种。你可以在自己的现实生活或梦境中，抱着遇见向导的意愿。同样的，如果你还没有体验过清醒梦的奇妙，那么这不应该成为你遇到梦境向导的障碍。你需要做的只是主动用你的意愿去打开与心灵沟通的大门。

那么，在我们的现实生活中，心灵究竟是如何与你、我和其他人沟通的呢？答案是每一种必要的方式！但是，主要是通过直觉暗示、符号、象征物，以及有意义的巧合。例如：你在恰当的时间阅读一篇社交媒体帖子，读到了有用的内容；你在恰当的时间走进一家商店，听到一段歌曲，它包含了几句意味深长的、抚慰人心的歌词，对你面临的问题有所帮助；你走过两个陌生人身边，不经意间听到他们正在谈论一个与你相关的话题……这些都

是心灵以各种方式喧嚷着要得到你的关注的例子。

根据我的经验，在清醒的生活中，心灵与我们沟通的方式是最容易被我们接受的。最让我感到舒适的沟通方式是通过我的梦和直觉，接受有声的指引（即超感官听觉）。也许你也一样？或许，你也想进一步拓展你自己的接受能力，这样你就可以与心灵有一个更深入、更积极的关系，从而接收到对你来说独一无二的指引。

在大多数情况下，大多数人往往需要在现实生活中，通过大量的重复才会相信从心灵接收到的信息*是真实的*。共时性、有意义的重复和巧合正是在提醒我们，心灵正在告诉我们或者向我们展示一些东西，同时也提供了一种我们急需的、为我们的内心认知提供的外部验证。这也是共时性、有意义的重复和巧合的体验如此美妙的原因。

在很多时候，只有当心灵非常努力地彰显自身的时候，我们才会有所察觉！往往只有当那些信息足够宏大、足够突出，同时又足够意想不到的时候，我们才会相信我们正在与心灵交流。我在西方国家格外注意到了这一点。因为西方国家的大多数人从小就被教导摒弃心灵，所以他们一旦收到来自心灵的信号，就会很快地屏蔽它们。

因此，与心灵连接的第一步是决定与心灵保持一种积极的关

系。也许，你已经在这样做了；也许，仅仅通过阅读这本书，你加深了这一关系。第二步是运用你自主的意愿。在你上床睡觉之前，要求自己在日常梦中见到自己的精神向导。时刻提醒自己这一睡前意愿，直到它在梦中发生。

如果你觉得你还需要稍加复习一下如何孵化你的日常梦，那么不妨直接翻回到第二章末尾的练习，重新阅读我阐述的方法。注意，你很可能会像安娜一样，做一个看似平淡无奇却又直触心底的值得去关注的梦。当你在探索自己与向导的联系时，试着保持一种开放的心态。

如果你能做清醒梦，那么就简单地清除梦境中的心理投射，并寻求与你的向导见面。请我允许再次强调，你们的关系是双向的，所以你要表现得像你在现实生活中遇到重要的人一样。你当然可以在遇到困难时向你的向导求助，也可以询问额外的信息，但千万不要对向导提出任何不合理的诉求。我的亲身经验是，当共时性以你最意想不到的方式发生时，生活就会变得乐趣无穷！

在梦境中遇见其他的清醒梦者

当我为这本书研究其他清醒梦者的故事时，我偶然发现了

一个由“科学与不二论”组织[1]（Science and Non-Duality）举办的专题研讨会。身为艺术家和教授的法里巴·柏格莎朗（Fariba Bogzaran）博士在会上分享了她的一次难以置信的清醒梦经历。在柏格莎朗的所有的清醒梦中，她都只有一个核心意愿——遇见自己身上的全能全知的那一面。她带着这样的意愿入梦，一直坚持了两年半的时间！

在那段日子里，她做了很多清醒梦，在一个清醒梦中她遇到了一位藏传佛教的喇嘛，这位喇嘛教导她如何提升自己的清醒梦能力。正如许多人所猜想的那样，柏格莎朗教授认为，清醒梦中的喇嘛是她的心灵的一个有意义的投射，或者是一个空灵的精神向导。柏格莎朗教授的梦境经历强调了，为什么我们应该清楚地了解我们在清醒梦中在与谁说话。在广阔梦境之中，有很多做梦者在同时做梦！因此，从梦的开始就保持清晰的思路是大有益处的。

正如你所看到的那样，清醒梦的体验不仅仅是思想和心理的投射。梦境世界是我们自身的非物质与其他非物质（心灵）相遇的空间。在做梦的过程中，我们可以遇见其他的清醒梦者、精神

---

1 “科学与不二论”：一个以尖端科学为研究依据，并以直接经验为研究基础的非营利组织。——编者注

向导，甚至是逝去的亲人，我们可以与他们交流和向他们讨教。

当你在清醒梦中变得更加熟练时，你会发现各种各样的冒险都会在你身上发生。在日常梦和清醒梦的练习中，你也将学会如何区分你的心理投射和你的梦。

记住，如果你在清醒梦中产生疑问，你可以直接说“所有的思想形态都给我消失”；如果梦中的某个形象让你觉得不舒服，那么就直接向前走。你的直觉不会引导你走上错路。梦的潜在意愿（以及你使用的词语）可以并且将改变你的清醒梦。

对柏格莎朗教授来说，她的目的是孵化一个梦，以便与全知全能的自己见面。当然，她也做到了这一点。对于大多数藏传佛教的教徒来说，做清醒梦的终极核心目标是获得一种超凡的觉悟。目前（已经有一段时间了），我个人的清醒梦意愿只是让清醒梦带我踏上一段全身心的发现之旅。**你的是什么呢？**

最后，如果你想尝试在梦境中与其他清醒梦者见面，那么我邀请你去看看由我组织的在线“梦圆”（dream circle）活动，观看参与者们在一起自主做梦的情形。在这个活动中，我将清醒梦者和非清醒梦者分成不同的小组，根据不同组设定具体的意愿或目标。你可以在我的网站（athenalaz.com）上看到这些内容。

第十二章

一位强大的梦者能为所有人而梦

清醒的现实是一个共同的梦，而我们共同的梦正在演变为一个集体的噩梦。地球母亲需要我们关注我们创造梦的方式！

在梦的自发过程中，我们需要拥抱自己的不同，才能感到平静。大家都很容易陷入绝望，但如果所有做梦者都能意识到，我们正在积极地影响和共创集体的梦（即清醒的现实），那么所有人都可以通过梦中的愿景和一致的清醒行动来改变事态。

在这本书的前半部分，我带你踏上了一段旅程，你已经发现了个人的无意识观念是如何影响你的现实生活的。此外，你还看到了你经常做的夜间的梦是如何通过向你展示特定的意象和象征符号来照亮你的无意识观念的。例如，有些人渴望成功，但却因为自暴自弃而拖延或阻碍了自己的发展，因此他们会经常梦到别人正在阻拦自己。做梦者将自己的无意识观念投射到他人身上，而梦则通过其中的黑影形象来突出这一点。这样的梦会迫使做梦者发问："为什么我总是在前往目的地的路上遭遇重

重阻拦？到底是谁在碍事？”通过专注的、自我反思式的问题，做梦者会更加意识到自己的内心生活和观念。最终，他们会明白自己的某些观念或过去的某些经历阻碍着他们全身心地追求目标。

我们都能有抵制无意识观念的能力。例如，大多数人都会不自觉地想象自己使用暴力手段的情境，但那种想象就能代表你本人的真实想法吗？或者，有些人会不自觉地想象有人用武器攻击自己的孩子和伴侣，这种想象同样不能代表他们的真实想法。我们很容易陷入一些无意义的事情中，这就是为什么成为自主的梦者是那么重要，只有这样，我们才会在梦中变得清醒，意识到我们正在共同创造我们的现实。我们是主动这么选择的。

身在集体之中，每个人的无意识观念都在影响着我们的集体现实。理解这一概念的最佳方法是观看影片和媒体所呈现的内容。我们的集体恐惧被投射到屏幕上。分裂、仇恨、贪婪、对他人和自然缺乏尊重和敬畏，无时无刻不在消耗着我们的注意力。想想我们的社交媒体吧，人们仅仅是因为躲在匿名的面具之后，巨大的仇恨就在网络上喷涌而出！我们共同在社交媒体上倾倒了大量的情感垃圾，而一些新闻媒体却在费心尽力地维系和兜售大众市场的恐惧。

在屏幕上，我们看到了匿名的“微歧视”[1]；在屏幕之外，我们还看到了在各地上演的粗暴的攻击举动。无意识的冲动往往隐藏在极端主义和极端信仰的背后，于是那些极端分子产生了非黑即白的想法，比如“我**完全正确**，你**完全错了！**”一旦我们认为世界上只能有一种答案或一种方式，无意识就将我们拖入了它的领域。**作为一个集体，我们可以通过梦创造比当前更好的现实吗？**也许，我们可以找到一个中间地带，整体性在那里可以被维系在一个尊重所有差异的美妙平衡之中。

从心理学上讲，如果我们觉得粗暴的攻击性举动是理所应当的，那么我们很可能是在应对自我意识中被压抑的冲动。你还记得僵尸电影风靡的时候吗？作为一种集体象征，僵尸展示了当我们在脑死亡后行动时的场景。当所有的人都在盲目贪婪地消耗着生命时，无论出于何种目的，我们都已经堕落成了僵尸。当所有的人都忘记了所有的生命光辉，忘记了自己本可以通过更高级的心灵力量和梦正确地使用注意力时，我们也就成了活死人。当我们没有有意识地运用我们的意愿和意志时，我们便无法成为自主的梦者，也就只能创造出糟糕的图景。如果我们想让集体现实

1 微歧视是一种不易被人察觉的细微的歧视行为。它不同于普通歧视，表面上并未有露骨的攻击意味，多表现在日常语言、肢体语言，或者其他环境中对特定对象进行有意或者无意的轻视、怠慢、诋毁和侮辱等。——译者注

变得更好，那么我们都必须重获对破坏性的本性、欲望和想法的控制权（包括在有意识和无意识两个层面）。

如果我们都能在所属的不同集体中尽自己的一分力量，那么涟漪效应[1]将会产生深远的影响。当世界各地的人们齐心协力，提供超越独立个体能力的帮助和服务时，美好的行动就会发生。例如，一个旨在帮助处于危机中的人们的众筹活动曾在互联网上吸引了成千上万的人，每个人捐出一小笔钱，最终数百万元的物资被送往遭受危机和创伤的人群那里。同理心可移动高山，集体意愿同样可以做到。

我们可以这样想象：所有的生命都生活在一张宏大的宇宙网之中，每个个体都与地球及地球上的植物、人类、动物紧密相联，一起栖息在清醒的现实中。这种相互关联和相互联系的概念在几乎所有的古代宗教中都存在。一个人可能不会意识到自己的力量，但即使是他的一个微小的改变，也会在宇宙网上产生涟漪效应。当地球遭殃时，我们也同样不好受。我们由物质和精神组成，同属于地球的一部分。

我能分享给你的最具震撼力的故事莫过于阿丘雅（Achuar）

1　涟漪效应：指一个事物造成的影响渐渐扩散的现象，如同一颗石子丢入河塘，泛起的波纹会逐渐波及很远的地方。——编者注

人的故事，我想以此说明我们现代人如何通过重新做梦来转变意识和梦境，进而对彼此和地球产生帮助。阿丘雅人已经在亚马孙雨林生活了数千年。他们既是森林的守护者，也是古老梦文化的守护者。作为一个族群，他们仍然根据在夜间梦境中收到的信息来规划自己的日子。他们会在早上一起醒来，分享自己的梦，然后根据梦采取相应的行动。

在20世纪80年代早期，部落的长者和萨满开始梦见令人不安的画面——现代世界的入侵和森林被破坏。当石油公司侵占邻近的地区，并且开始为了放牧乱砍滥伐时，这些梦中的情景都一一变成了现实。最终，由于森林的砍伐，毁灭性的大火持续席卷着亚马孙。

1995年，深居自然森林的阿丘雅族的萨满们向外发出召唤，寻求外部世界的帮助。注意，这一召唤并不是通过电话或现代科技发出的，而是通过梦境发出的灵性信号。而且，神奇的是，有一部分人接收到了这一召唤。我相信阿丘雅族的萨满们拥有清醒梦的能力和更高级的意识状态，因此他们才能把梦境信息传递给那些愿意聆听的人。

正如慈善活动家琳内·特威斯特（Lynne Twist）在一次在线采访中所说的那样，她之所以前往亚马孙工作，是因为她再也无法忽视梦境中的信号。阿丘雅人通过琳内的梦境征召她来到热

带雨林。在夜里，琳内总能梦见一群生活在丛林中的人，他们的脸上涂着红橙色的标志，头上戴着红橙色的饰物。

琳内夜复一夜地梦见阿丘雅人，但她之前压根不知道梦中的这些人是谁，也从来没有去亚马孙旅行的打算。她的生活重心一直是慈善工作，专注于解决世界饥荒的问题，并且她从来没有想过从事环境保护的工作。当这些梦开始的时候，她并不知道自己正在与阿丘雅的萨满沟通。如果我的一位怀疑主义朋友得知琳内的事情，他会说也许是因为她吃了太多辛辣的比萨。琳内当时就像大多数现代人一样，直接无视了这些梦。

然而，在之后的一段时间里，琳内仍然在梦中看见那些脸上画着红橙色标志的人。起初，她只在梦中见到这些人，后来她在现实生活中也开始见到他们。你可以设想，如果一个人开始在现实生活中看到梦中人物，那么他一定会吓得惊慌失措，琳内自然也不例外。她以为自己出现了幻觉，甚至认为自己可能疯了。

直到琳内的朋友约翰·珀金斯（John Perkins）认出了她梦中的人是阿丘雅人，琳内才意识到自己需要亲自去一趟亚马孙。最终，琳内、她的丈夫、约翰和其他几个好友一起去拜访了阿丘雅人。“大地母亲联盟”（Pachamama Alliance）就是在这次会面后诞生的。自成立以来，这一环保联盟一直主要致力于拯救和保护大片的亚马孙丛林。

我相信阿丘雅人需要我们所有人响应召唤。亚马孙现在需要我们，大自然现在需要我们。我们需要注意和改变我们的行事方式。各国经常会因为争论责任的归属，而放弃自己的生态责任。这不仅仅是西方国家的问题，更是一个世界性的问题。我们共同创造了当下这一共同的现实，但我们还可以共同创造一个更美好、更神圣的清醒现实，比如设想一个和平健康的星球和一个更多样化的社会福利体系，然后采取行动去让这些设想成真。与此同时，一小群自主的做梦者已经学会了正确地使用自己的意愿和意志，他们也能做出巨大的改变，比如通过做梦筹划为集体谋利益的众筹活动！

是时候唤醒做梦者了

我写这一节，是为了唤醒作为做梦者的你。你已经一路读到了这里，同样也接收到了我的召唤。你所翻阅的每一章都在提醒你：你是一个自主的做梦者！那么，你敢于为集体利益而做梦吗？你会使用你的意愿和意志，以一种自主的方式，为集体，以及为你自己的个人幸福而做梦吗？你的梦有多大，你对生活的憧憬就有多大。最美丽的莫过于我们对这个星球的憧憬。

当我们接触到蕴藏在自身之中更大的力量时，我们可以梦见整个生命之网。我们可以超越僵尸般的消费主义和让人盲目且分心的事物，与自然和生命本身更和谐地生活。做到这一点并不意味着我们需要找个洞穴露营，而意味着我们可以共同拥有一个平衡的现代梦。在保持集体幸福的同时，你仍然可以遵循你的最符合自己心灵的目标。我们的梦和我们想象美好事物的能力是同样无限的。

我们当然不必去相信那些非黑即白的论断。我想把我自主的意愿集中在清洁的空气、健康的水源、动物、丰富的自然资源，以及对社群和人际关系的尊重上。如何分配我们的注意力对于我们来说意义非凡。我们可以在共同追求和谐旋律的同时，唱出自己的曲调。记住，我们共同呼吁的现实最终会来到我们的身边，因此我们的意愿是非常重要的。你将如何动用你的意愿呢？

倾听做梦者的声音

在我的一个梦中，我在地面之上漂浮。你以为漂浮就能让我在梦中清醒了吗？事实并非如此，我当时仍然不知道自己在做梦。我漂向两个看上去正在冥想的男人，他们同时从地板上站起

身。当我来到他们的前面时，他们停止了移动，在半空中舒适地保持平衡。

这两个男人说他们很喜欢我在这本关于梦的书里写的内容，还说我讲述的清醒梦比以往任何作家讲述的都还要丰富。然后，他们表示做梦在很多方面仍然是一门关于学习如何更好地倾听的技艺。最后，他们告诉我："现在就醒来吧！这样你就能记住这个梦，把这个消息和其他人分享了。"

于是，我醒了过来。

做梦的矛盾之处在于，梦能通过其虚幻的本质，让我们打破我们的物质幻觉。梦总是告诉我们一个宏大图景的真相。因此，所有梦的艺术都是关于更好地聆听精神和心灵的声音。如果你学会倾听梦的指引，那么你将会看到一个比你强大得多的能源，就像北极星一般，指引着你如何在生活中采取行动。

归根结底，有些事情无法通过智力来理解和解释，只能通过我们的内心、精神世界和入睡后继续活跃的感官体验来了解。这些感官体验让我们看到了梦境世界与物质世界之间的界线其实就像面纱那样薄。每晚的梦都在提醒我们：每个人都是无限的意识的一部分。大多数人每天都很忙碌，甚至不愿意给自己一刻的停歇和沉静。然而，在沉静的过程中，就像通往梦境的旅程一样，我们在其中发现了自己与无限的意识的联系。

我的梦一次又一次地强调了这一场景：梦中的我心烦意乱，寻找着我似乎找不到的东西。那件东西到底是什么？我不清楚，但又不得不去寻找。我走啊走，找啊找，依旧一无所获。枕头下，抽屉里，甚至床底，整个房子的边边角角，我都找遍了。最终，我只能在恼怒中选择放弃。然后，我看到了……不，我能感觉到阳光透过窗户照进来。光淹没了一切，接着我就醒了。

每个人不都在寻找一些似乎在躲避我们的东西吗？我们翻来覆去地寻找不正是为了找到自己认为需要的东西吗？并且这种寻找往往都是找一些我们自身之外的东西。于是，我们在寻找中迷失。实际上，我们最需要做的反而是停下来。只有这样，我们才能沐浴在内心的阳光之中。

所以，亲爱的读者，在这本书结束前，我想问你：“**现在**是时候了吗？”

致 谢

衷心感谢我的编辑萨拉·卡德尔(Sara Carder)对我和这本书的信任。十分感谢蕾切尔·艾约特(Rachel Ayotte)对我细致的照顾和帮助。感谢科琳·奥谢(Coleen O' Shea)在这场文学历险中给予我的不可思议的支持和指导。我真心实意地感谢萨比拉·恳(Sabila Khan),谢谢你。

我还要感谢维多利亚·阿达莫(Victoria Adamo)、亚历克丝·凯斯门特(Alex Casement)、萨拉·约翰逊(Sara Johnson)、安妮·科斯莫斯基(Anne Kosmoski)、凯茜·马洛尼(Casey Maloney),以及整个出版社团队的支持。

感谢我的向导和老师们一路以来的帮助。感谢我的父母给我的关爱和支持。感谢我无与伦比的丈夫给我的坚定不移的爱和支持,你就是我生命中的光。感谢玛丽亚(Maria)和乔治(George)带给我的一切。感谢米克(Mick)和格伦达(Glenda)的鼓励和支持。感谢克伦(Keren)的友谊和真诚的反馈。最后,感谢所有的做梦者,感谢你们相信梦的力量。

目录

图书在版编目（CIP）数据

梦的指引：超越梦境的精神觉醒与自我成长 /（美）雅典娜·拉兹著；汪畅译．
— 北京：世界图书出版有限公司北京分公司，2023.5
ISBN 978-7-5232-0179-4

I. ①梦… II. ①雅… ②汪… III. ①梦—精神分析—通俗读物 IV. ① B845.1-49

中国国家版本馆 CIP 数据核字（2023）第 061983 号

The Alchemy of Your Dreams: A Modern Guide to The Ancient Art of Lucid Dreaming and Interpretation by Athena Laz

书　　名	梦的指引：超越梦境的精神觉醒与自我成长 MENG DE ZHIYIN: CHAOYUE MENGJING DE JINGSHEN JUEXING YU ZIWO CHENGZHANG
著　　者	［美］雅典娜·拉兹
译　　者	汪　畅
责任编辑	余守斌
特约编辑	吕梦阳
特约策划	巴别塔文化
出版发行	世界图书出版有限公司北京分公司
地　　址	北京市东城区朝内大街 137 号
邮　　编	100010
电　　话	010-64038355（发行）　64033507（总编室）
网　　址	http://www.wpcbj.com.cn
邮　　箱	wpcbjst@vip.163.com
销　　售	各地新华书店
印　　刷	天津画中画印刷有限公司
开　　本	880mm×1230mm　1/32
印　　张	7.5
字　　数	120 千字
版　　次	2023 年 5 月第 1 版
印　　次	2023 年 5 月第 1 次印刷
版权登记	01-2022-6720
国际书号	ISBN 978-7-5232-0179-4
定　　价	59.00 元

如有质量或印装问题，请拨打售后服务电话 010-82838515

梦的指引

超越梦境的精神觉醒
与自我成长

〔美〕雅典娜·拉兹　著
Athena Laz

汪畅　译

世界图书出版公司
北京·广州·上海·西安